Mary Anne Markson

Libro de Oro
del Embarazo

EDITORIAL
Y DISTRIBUIDORA
LEO
SA DE CV

www.editorialescorpio.com.mx

(c) 1998 por Editorial y Distribuidora Leo, S.A. de C.V.
Melesio Morales No. 16, Col. Guadalupe Inn (San Ángel),
México, D.F. Tel: 56-60-55-61 y Fax: 56-64-14-54.

Idea original y temas del contenido: Georgina Greco
Colaboración pagada y remunerada: G.S.V

ISBN: 9686801707

SextaEdición: Septiembre de)02

Impreso en México
Printed in Mexico

ÍNDICE

INTRODUCCIÓN 5

CAPÍTULO 1
UNA NUEVA VIDA
¿Qué es el embarazo?
Embarazo planificado
Embarazo ectópico o extrauterino
Las primeras señales de embarazo
Las pruebas de embarazo
Visita obligada al doctor
Una nueva vida
Los síntomas de los nueve meses 9

CAPÍTULO 2
SALUD FETAL
Controla la salud del futuro bebé
Edad de la madre
Amniocentesis
El ultrasonido 23

CAPÍTULO 3
PLANIFICACIÓN DEL EMBARAZO
¿Cómo proteger al bebé que no ha nacido?
Identifiquemos problemas
Síndrome de muerte infantil súbita
Tu bebé te escucha, habla con él 31

CAPÍTULO 4
LA MAMÁ EN EL EMBARAZO
El cuidado personal
La piel
Las estrías
¿Por qué tengo tanto sueño?
Las náuseas
El ejercicio 43

CAPÍTULO 5
CUANDO SURGEN LAS COMPLICACIONES
Aborto espontáneo
Cérvix incompetente
Placenta previa
Ruptura prematura de membranas
Secreciones vaginales
Hipertensión ¿cómo afecta?
Enfermedad de Rhesus 51

CAPÍTULO 6
CUIDADOS BÁSICOS
Mi alimentación es la de mi bebé
¿Para qué sirven las vitaminas?
Cero alcohol
Adiós al cigarro
Automedicación y drogas 61

CAPÍTULO 7
PREPARA EL CUARTO DEL BEBÉ
Muebles y decoración
¿Qué necesito comprar? 71

CAPÍTULO 8
EL CRECIMIENTO DE TU BEBÉ PASO A PASO
El primer trimestre
El segundo trimestre
El tercer trimestre
Bebés prematuros
Fecha de parto 77

CAPÍTULO 9
EL MOMENTO SE ACERCA
Como disponerte para el parto
Decide las condiciones de tu parto 85

CAPÍTULO 10
¿QUÉ SUCEDE EN EL PARTO?
Lo que está pasando dentro de tu cuerpo
Episiotomía
Cesárea
Compartiendo experiencias 89

CAPÍTULO 11
PROBLEMAS EN EL PARTO
¿El parto no progresa?
Inducción del parto
Complicaciones en el parto 99

CAPÍTULO 12
¿PECHO O BIBERÓN?
Amamantar al pequeño
Alimentación con biberón 105

NOMBRES PARA TU NIÑA 110

NOMBRES PARA TU NIÑO 120

INTRODUCCIÓN

Desde cualquier punto que se vea, la reproducción es la base de la continuidad de todos los seres vivos; Darwin dijo que el ciclo de todos los individuos es **NACER, CRECER, REPRODUCIRSE Y MORIR;** una vez completado el círculo se puede considerar cumplida la tarea que la madre naturaleza le ha impuesto a todos y cada uno de nosotros.

Otro acercamiento a la explicación del por qué de nuestra descendencia nos la da la religión, ya que Dios puso a sus hijos y a otras criaturas en la faz de La Tierra con la misión de poblarla (y vaya que lo hemos logrado).

Mucha gente tiene la idea de que ser madre no tiene ninguna gracia, ni complejidad, de que son suficientes los conocimientos empíricos o instintivos de toda mujer para recibir y criar a un niño; por supuesto ésta es una gran falsedad.

En nuestro frenético y revolucionado mundo ya ninguna tradición queda en pie, o por lo menos casi ninguna.

Sin embargo, la maternidad es una de esas experiencias que conjugan los más añejos conocimientos con los recientes, e incluso los más descabellados e increíbles descubrimientos de la ciencia.

En ocasiones puede incluso haber grandes conflictos cuando una madre joven trata a su pequeño sólo con los consejos del pediatra, dejando a un lado la tradición con la que ella misma fue criada; el conflicto viene cuando la abuela del niño se siente ofendida por haber sido relegada (ella y toda su estirpe) por las ideas de un "medicucho" -diría ella.

Del mismo modo pasa cuando llega la noticia de una próxima visita de la cigüeña, pues ahora debe existir todo un seguimiento por parte de un ginecólogo, cuando antes apenas se les consultaba.

En este libro vamos a encontrar todos los grandes consejos que la ciencia nos da en la actualidad, pero sin abandonar los que han perdurado durante mucho tiempo.

Además, no sólo se dan instrucciones que tengan que ver con la salud, sino que pueden ser encontrados consejos muy humanos que se relacionan con la felicidad de la futura madre y de su pequeño.

Este no es un frío libro de medicina y consejos médicos, es más bien una guía para salir lo mejor posible de la prueba de la maternidad.

Cabe mencionar que no es exclusivo para madres primerizas, pues aún las más expertas pueden encontrar explicaciones a problemas a los que se enfrentaron con el único escudo de los conocimientos populares.

Este libro es práctico para todo el grupo de futuras madres, en el cual se incluye a aquellas que no están embarazadas y a las que ni siquiera pareja tienen aún; es decir, está dedicado a la mujer en general.

A unas les dará una pequeña idea de la dimensión de un embarazo, lo cual les servirá para: tomar todas las precauciones desde antes de concebir una nueva vida.

A otro grupo les ayudará a entender aquellos errores pasados o para ver de lo que se han salvado.

Y existe uno más al que le servirá para ampliar sus conocimientos o para aconsejar a quien lo necesite.

Un bebé no sólo es para poblar la Tierra o para perpetuar una especie, es la muestra cumbre de que la raza humana no sólo es conocimiento sino también amor.

Este libro es un homenaje a las madres y claro, también a todas aquellas mujeres que piensan embarcarse en la incomparable aventura de ser madre.

CAPÍTULO 1

UNA NUEVA VIDA

¿Qué es el embarazo?

El embarazo es todo un acontecimiento para una pareja, pero principalmente para la futura madre, ya que dicho estado fisiológico trae consigo una serie de consecuencias físicas y psíquicas muy diversas, no siempre agradables.

Si el embarazo no es deseado, el acontecimiento será angustioso y traumático; pero si por lo contrario, ha sido deseado y planeado, estará acompañado de alegría, ilusión y mayor seguridad aunque tal vez del mismo miedo que es algo normal cuando se está esperando un bebé.

No todas las personas reaccionan igual a la llegada de un nuevo ser a la familia, algunos tienen más temores que otros y no todos comprenden de primera instancia, la gran responsabilidad a la que se enfrentan.

Lo más recomendable siempre, es la planificación del embarazo porque es un suceso que cambiará totalmente tu vida.

Embarazo planificado

Estar preparada para este importante acontecimiento en tu vida implica contar con los elementos necesarios para llevarlo a cabo tanto en el plano fisiológico y psicológico como en el plano económico y social.

Si bien es cierto que muchos de los que habitamos este mundo no fuimos planeados y aún así somos felices, nacimos sanos y sin problemas, las condiciones cambian favorablemente cuando un niño es deseado.

Cuando una mujer planea su embarazo puede evitar ingerir sustancias dañinas para su bebé como el alcohol, el cigarro, algunos medicamentos o drogas.

La mujer que no planeó, se da cuenta después del primer mes de que pudo haber expuesto al feto a sustancias peligrosas sin darse cuenta.

Cuando se planea un embarazo la mujer debe cuidarse como si estuviera embarazada. Dentro de los aspectos más importantes están:

*No fumar. Esto puede acarrear graves problemas al feto como veremos más adelante.

*No usar drogas. Estas le pueden causar al feto no sólo adicciones sino también malformaciones.

*Comer bien. Una dieta balanceada hará que tu bebé nazca más saludable.

*No bebas alcohol. El alcohol puede ocasionar retraso mental y de crecimiento.

*Has ejercicio. Actualmente caminar sigue siendo la mejor opción para mejorar tu salud.

*Inicia tu embarazo con el peso ideal. Lo contrario puede ocasionar *diabetes gestacional* y problemas a la hora de dar a luz.

*Acude al doctor. Él determinará qué medicamentos puedes tomar, qué exámenes debe practicarte y si estás lista para concebir.

Todos estos puntos serán aplicados más ampliamente en los capítulos siguientes.

Cabe mencionar lo importante que es el hecho de que el doctor dirija tu embarazo desde el principio, ya que esto les ayudará a darse cuenta a tiempo de cualquier problema que lleguen a tener.

Algo que preocupa a muchas mujeres es el *embarazo ectópico o extrauterino;* a continuación veremos qué es, porqué se da y cuáles son sus consecuencias.

Embarazo ectópico o extrauterino

Entendamos primero que la fertilización se da cuando el espermatozoide se fusiona con el núcleo del óvulo.

Después de esto, la nueva célula avanza por la Trompa de Falopio hacia el útero mientras se divide constantemente hasta convertirse en un grupo de células llamadas *blastocito,* el cual se instala en la pared del útero aproximadamente ocho días después de la fertilización.

En ciertas ocasiones el óvulo fecundado que avanza por la Trompa de Falopio no llega hasta el útero y se implanta ahí, en la trompa; o incluso llega a suceder que se implanta en el mismo ovario o en el cérvix.

La mayor parte de los embarazos ectópicos se dan en las Trompas de Falopio y no llegan a durar más de dos meses porque la trompa se rompe; cuando esto sucede el embrión muere; aunque se conocen casos en los que el feto ha sobrevivido lo suficiente para nacer por medio de cesárea.

En un principio resulta imposible distinguir entre un embarazo normal y uno ectópico, sin embargo, al correr de los días **la madre puede tener sangrado y un fuerte dolor abdominal debido al estallido de la trompa.**

Este sangrado es una especie de hemorragia por lo que el embrión muere casi siempre.

El embarazo ectópico se da más frecuentemente en mujeres que ya tuvieron este problema antes; por el uso del *dispositivo intrauterino (DIU)*, por cirugías previas de trompas, etc.

Cuando la mujer ha tenido anteriormente infecciones en alguna trompa de falopio como la *salpingitis* o tiene antecedentes de *enfermedad pélvica inflamatoria,* puede presentar un embarazo ectópico.

Incluso los abortos provocados pueden ocasionar lesiones que modifiquen la estructura del útero y de la mucosa que lo recubre, ocasionando que el óvulo fecundado no pueda implantarse ahí.

Para determinar si se trata de un embarazo ectópico, primero se debe estar atento a cualquier dolor abdominal y a cualquier sangrado por leve que sea.

En ocasiones, cuando la mujer no se sabe embarazada puede presentar síntomas como vómitos, desmayos, vértigo, dolor en hombro, estreñimiento y fiebre; todo esto puede hacerla sospechar del posible embarazo y revisarse a la brevedad posible.

El problema es cuando sabe que está embarazada y todos los síntomas le parecen normales.

En algunos casos y mediante un examen físico se puede palpar una masa en alguna de las trompas, el útero crecido, dolor a la movilización del cuello del útero y sangrado; cuando esto pasa, en la mayoría de los casos se trata de un embarazo ectópico.

Actualmente el **ultrasonido** ha resultado ser una excelente forma de saber si el embarazo es normal o presenta algún problema. Éste se puede practicar dos semanas después de la fecha en que se esperaba la regla, obteniendo ya desde ese momento resultados favorables.

Las primeras señales de embarazo

Evidentemente **la primera señal física del embarazo es la falta de un periodo,** sobre todo si la mujer es regular en cuanto a la fecha de su regla; si no lo es, es posible que piense que sólo se trata de un retraso.

Inclusive sucede que una mujer no se da cuenta de su estado porque en el momento en que el óvulo fecundado se implantó, se presentó una pequeña hemorragia que, aunque difiere mucho de una regla por su escasez, llega a ser confundida con esta última.

Otro signo importante es **la constante micción (orina),** mucho más frecuente de lo normal.

Los senos se hinchan y se sensibilizan notoriamente, los pezones se oscurecen y el tejido se nota más firme.

Las náuseas también son una señal que se produce por lo general al comienzo del día y después cesa; incluso hay mujeres que llegan a vomitar pero ambos síntomas desaparecen por lo general después del tercer mes de embarazo.

Las pruebas de embarazo

En cuanto sospeches que estás embarazada, debes acudir al médico y realizarte un examen para determinar si tus sospechas son verídicas o no.

Puedes realizarte el examen en un laboratorio clínico o tú misma mediante una prueba casera de las que venden en la farmacia.

Cualquiera de las dos funcionan bajo un mismo precepto: localizar la presencia de la *hormona gonadotropina corial humana (G. C. H.)* que se produce sólo durante el embarazo.

Al acudir a un laboratorio se debe llevar una muestra de orina (la primera de la mañana) y probablemente se requiera una muestra de sangre para asegurar que los resultados sean total y claramente confiables.

Normalmente los resultados se obtienen de un día para otro y esto tal vez provoque un nerviosismo exagerado en ti, pero si de algo te sirve, puedes estar segura de que el resultado (aunque sea tarde) será cien por ciento confiable.

Las pruebas domésticas en cambio, tienen todavía algunas irregularidades sobre todo al momento de llevar a cabo la lectura. Todas funcionan igual y según la marca, la forma de lectura de resultados varia.

Es poco probable que con una prueba doméstica se produzcan falsos resultados positivos, sin embargo, sí es posible que se produzcan falsos resultados negativos, por eso es tan importante que antes de llevar a cabo la prueba, leas atenta y cuidadosamente las instrucciones.

Cabe aclarar que para realizar un prueba doméstica, es conveniente haber dejado pasar unas 6 semanas
desde el último periodo menstrual, ya que antes de ese
tiempo la *hormona G. H. C.* es tan baja que puede dar un
resultado muy poco claro.

**Recuerda que un falso resultado negativo pue-
de ser peligroso porque al considerar que no estás
embarazada y seguir con tu vida normal puedes llegar
a dañar el producto, de manera inconsciente pero
irreversible.**

Tu doctor debe ser tu mejor y más confiable guía,
porque un ginecólogo no sólo se visita cuando se está
embarazada: se acude a él toda la vida.

La visita obligada al doctor

Después de haber obtenido un resultado positivo en la
prueba de embarazo realizada es muy importante que
visites a tu doctor, para que él te confirme el resultado.

Uno de los primeros y evidentes síntomas que el
doctor busca, es que en una mujer embarazada el tejido de
los senos es firme y éstos se encuentran más sensibles
de lo normal, además los pezones se oscurecen
notablemente.

Otra señal es la llamada *"línea morena"* que es
la línea que parte del ombligo hacia el pubis, la cual se
torna oscura cuando una mujer está embarazada.

Es probable que el doctor solicite hacer un examen interno.

No te preocupes, que no es nada del otro mundo, en este examen primero hará una inspección al cérvix, mediante un instrumento llamado **espéculo,** para después introducir los dedos en la vagina mientras coloca su otra mano sobre el abdomen.

El doctor percibirá un cambio en la forma y tamaño del útero si estás embarazada.

Además el cérvix se ablanda de manera que a través de él es posible sentir el útero, el tejido que reviste, la vagina se vuelve azul debido a la sangre que fluye y el útero crece y se hace más redondo.

En esta primera consulta al doctor, es conveniente elaborar tu historia médica completa, recuerda que hasta el dato aparentemente más insignificante, es importante cuando te encuentras embarazada.

También se requerirá hacerte un primer examen médico en el cual se verificará la altura, el peso, la presión arterial: un examen de orina para certificar que no exista infección alguna y para conocer los niveles de glucosa y proteínas.

También te hará un examen de sangre para vigilar que no exista *anemia, sífilis, hepatitis o rubeola* previa, además de **verificar el tipo de sangre de la futura**

madre, lo cual es muy importante, como veremos más adelante.

Es recomendable que a partir de ese momento visites a tu doctor a menudo; cada mes o cada que sientas algún malestar o tengas algún problema.

Recuerda que tu doctor debe saber todo lo que te preocupa o molesta, no tengas miedo de preguntar o de molestarlo, porque tu tranquilidad y seguridad es, en este momento, lo más importante.

Es conveniente llevar un diario en el cual anotes absolutamente todos los cambios que notes en tu persona para después comentarlos con el doctor y que él te diga qué es normal, qué está bien y qué no.

Una nueva vida

Este concepto abarca más de lo que te puedes imaginar, no sólo se trata de una nueva vida que traes en tu vientre, se trata también de una nueva vida para los futuros padres.

El nacimiento de un bebé es todo un acontecimiento, sobre todo, cuando es el primero.

Ser padres implica más de lo que se imaginan; no siempre es fácil porque es un evento irreversible que transformará sus vidas, y que conste que estamos hablando tanto de la madre como del padre.

Es probable que les cueste trabajo adaptarse a todos los cambios que se generarán a partir de este momento.

Recuerden que convertirse en padres será, tal vez, el trabajo más importante de su vida, el cual exigirá mucha eficiencia para que todo salga bien.

Es natural sentir miedo, por eso es importante que ambos conozcan todo lo que está pasando dentro de la madre.

Es recomendable que lean todo lo posible acerca del embarazo, parto y concepción para que entiendan y sepan cómo está creciendo su bebé día tras día.

Platiquen ampliamente con su doctor, con la madre de cada uno, con otros padres e incluso pueden considerar tomar un curso de cuidados prenatales o de preparación para los futuros padres; actualmente existen diversas clínicas e instituciones que los ofrecen.

Es importante que la futura madre consulte a un especialista que la oriente con respecto a la alimentación que debe seguir, el ejercicio que puede realizar y en general de todas las actividades convenientes y no tanto que pueda llevar a cabo.

Elimina el estrés de tu vida porque no ayuda en nada al desarrollo de tu bebé, si es preciso, aprende alguna técnica de relajación que te ayude a mantener la calma.

Descansa todo lo que tu cuerpo te pida, aprende a escucharlo y conocerlo para que puedas detectar qué le hace falta y qué le sobra.

Disfruta tu tiempo libre, busca alguna actividad que disfrutes y que te relaje como leer, dibujar, escribir, tejer, realizar alguna manualidad, nadar, ir al cine, o simplemente escuchar música.

Planea todo lo relacionado al nacimiento de tu bebé, decora su recámara, cómprale ropa, juguetes; piensa en los posibles nombres que puedes ponerle; en fin, trata de estar lo más relajada posible y de darle mucho amor a tu bebé.

Los síntomas de los nueve meses

Durante el primer trimestre es posible que padezcas de *náuseas mañaneras, vómitos, mareos, que orines con mayor frecuencia* a causa de que el útero que ha crecido presiona la vejiga.

El cansancio y el sueño que presentas se deben al incremento de progesterona en tu cuerpo.

La sensibilidad de tus senos así como su agrandamiento y el oscurecimiento del pezón son a causa de los cambios hormonales que se presentan en tu organismo.

También son comunes los ascos y puede ser que un alimento que solías disfrutar, ahora lo odies.

Puedes padecer dolor de cabeza y modificaciones de carácter.

Para el segundo trimestre comenzarás a sentir el movimiento fetal, es probable que se te hinchen las piernas y te duela la espalda, sin embargo ya te puedes olvidar, en la mayoría de los casos, de las náuseas y vómitos.

Hacia el tercer trimestre es frecuente que sufras de estreñimiento, acidez estomacal, falta de aire e insomnio; pero no te preocupes, ya falta poco y el gran día está por llegar.

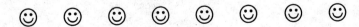

CAPÍTULO 2

SALUD FETAL

Controla la salud del futuro bebé

El embarazo es un proceso que por ningún motivo debe considerarse como una enfermedad, sin embargo, tampoco es una etapa que pueda o deba descuidarse; el control prenatal es muy importante porque ayuda a revisar la salud tanto de la madre como del feto.

Es recomendable que durante el embarazo cuides tu salud al máximo ya que de esto depende que tu hijo nazca en buen estado.

Recuerda que **el control del crecimiento fetal es uno de los aspectos más importantes pues cuando un bebé nace más pequeño de lo normal, las probabilidades de muerte son más altas que si el bebé fuera de tamaño normal**

Habla con tu doctor, pregúntale qué debes hacer para controlar el crecimiento fetal; son diversos los exámenes que te pueden hacer a lo largo de tu embarazo para comprobar que tu bebé se desarrolle como debe ser.

Las visitas que realices al doctor deben ser frecuentes: a partir de que sepas que estás embarazada y dependiendo de tu salud en general, **debes visitar a tu médico por** lo menos cada mes al principio, y hacia el final de tu embarazo, cada quince días o cada semana.

Recuerda que el control médico es muy importante.

En cada visita al doctor, éste deberá pesarte, tomar tu presión; probablemente revise el tamaño del feto palpando, con mucho cuidado, el útero; algunos médicos acostumbran utilizar una cinta métrica para controlar de manera más exacta el crecimiento del producto.

También se escuchan los latidos del corazón del feto mediante un estetoscopio.

A veces un análisis de sangre u orina es de gran utilidad: en él se mide la cantidad de una hormona llamada **"estriol"** la cual aumenta conforme avanza el embarazo; si el estriol no aumenta o incluso disminuye, esto puede ser señal de que algo anda mal, sin embargo, no es determinante.

Normalmente lo que más desea una madre es que su hijo nazca sano; en ese momento no importa el color de ojos ni su tipo de cabello.

Dentro de las anormalidades que puede tener un bebé más de la mitad son leves, tal vez ni siquiera necesitarán un tratamiento, como las marcas de nacimiento, las hernias en el ombligo a causa del cordón umbilical, los pliegues adicionales en manos y pies, desórdenes menores del intestino o el corazón.

Cerca del 2% de bebés que nacen llegan a tener una anormalidad seria.

La mayoría de las anormalidades fetales son a causa de algún problema durante la gestación, probablemente durante el primer trimestre, que es cuando el producto es más vulnerable.

El contagio de enfermedades infecciosas como la rubeola; el consumo de alguna droga incluyendo el alcohol, el cigarro y algunos medicamentos; los rayos x y algunos deportes como el fisicoculturismo; son factores que con tribuyen al desarrollo de alguna malformación del feto.

Edad de la madre

En muchas ocasiones la edad de la madre puede ser determinante en el desarrollo del producto.

Por ejemplo, una mujer de edad madura, entre los 35 y 45 años, tiene mayores posibilidades de tener un hijo con anormalidades que una mujer joven.

Conforme más grande es la mujer los riesgos de algún problema en el feto son mayores.

Una mujer de 35 años tiene un riesgo en promedio del 20 por ciento, conforme su edad avanza el riesgo también, así, **una mujer cuya edad pasa de los 45 años tiene un 80 por ciento de probabilidades de tener un bebé con algún problema como puede ser el** *síndrome de Down,* cuya causa se encuentra en la presencia de un cromosoma adicional en cada célula lo que ocasiona un retraso mental de diferente intensidad según el caso.

El *síndrome de Down o mongolismo* es el problema que más se da cuando la madre tiene alrededor de 45 años. Los niños con este padecimiento son de baja estatura y con los ojos rasgados.

Es cierto que hay mujeres que pueden tener un niño sano a los 50 años, sin embargo no hay que olvidar que al pasar los 35 el riesgo de que surja algún problema aumenta considerablemente; esto no siempre significa que el embarazo deba ser interrumpido, lo más conveniente es realizar una prueba de diagnóstico fetal como la *amniocentesis o una ultrasonografía.*

Amniocentesis

Actualmente la amniocentesis es el método más importante en cuanto al diagnóstico de anormalidades en un feto.

No todas las madres son candidatas a este tipo de prueba; esto lo debe determinar el doctor, ya que estos exámenes conllevan riesgos de infecciones o incluso el aborto.

Un punto importante es la edad de la madre, si pasa de los 35 años podría ser candidata al examen.

Sin embargo existen otros factores que también deben tomarse en cuenta como son: antecedentes familiares, si el producto corre riesgo de alguna enfermedad o anormalidad; si alguno de los padres (o ambos) tuvieron un hijo con alguna anormalidad o existió un embarazo interrumpido por la misma causa; incluso si se sospecha que el bebé pueda nacer con defectos del tubo neural que pueden verse reflejados en la espina bífida o en anencefalia.

La amniocentesis consiste en tomar una muestra de líquido amniótico para analizarlo.

Primero, mediante un ultrasonido se visualiza la posición del feto y se limpia el área donde se va a introducir la aguja.

En ocasiones se utiliza anestesia local, sin embargo, algunas mujeres llegan a presentar molestias, por lo que no es del todo recomendable.

Después se inserta una aguja muy delgada en el abdomen, por el útero, de donde se extrae el *líquido amniótico*.

Se saca aproximadamente medio centímetro cúbico que se desecha, ya que puede contener células de la madre y dar un resultado falso.

Después se sacan cerca de 20 milímetros más de *líquido amniótico* el cual contiene las células del feto.

Estas células se llevan al laboratorio donde crecerán por una o dos semanas para después analizarlas y detectar si existe alguna anormalidad cromosómica.

Normalmente este tipo de pruebas se realizan entre la semana 14 y la 18, que es cuando el feto está capacitado para reponer el *líquido amniótico.*

Después de realizada la prueba se le pide a la madre que repose durante dos días sin realizar trabajos pesados y sin estar de pie mucho tiempo, porque aunque la técnica ha mejorado mucho, aún se dan casos que no resisten la prueba y se produce un aborto.

Es importante que si te realizas la prueba de amniocentesis estés muy al pendiente en los días siguientes de cualquier síntoma irregular, como puede ser *fiebre, sangrado, calambres* o *algún fluído extraño.*

La amniocentesis también puede diagnosticar si los pulmones del feto están bien, o qué tan grave es la anemia fetal ocasionada por la *enfermedad de Rhesus* y si el niño va a necesitar una transfusión de sangre al momento de nacer.

Es un hecho que no existe método alguno que garantice el nacimiento de un bebé saludable, como tampoco hay un examen que pueda anticipar "todos" los defectos del nacimiento.

La decisión de llevar a cabo o no la amniocentesis depende de ti, de tu pareja y de las recomendaciones de tu doctor; él es quien debe aconsejarte, plantearte los riesgos y las ventajas.

El ultrasonido

Otro método que ha resultado ser muy eficaz es el ultrasonido. Desde hace poco más de 15 años, este examen ha sido de gran ayuda para evaluar el crecimiento fetal.

Este estudio es también conocido como *sonografía* o *ecografía*.

Normalmente este examen es practicado por un médico radiólogo o por un gíneco-obstetra que haya sido capacitado en ultrasonografía gineco-obstétrica.

La finalidad del ultrasonido es casi siempre ver el crecimiento del feto, determinar su edad, ver la posición del producto, la posición de la placenta, el número de fetos, la cantidad de líquido amniótico y si existe algún defecto congénito.

El ultrasonido permite detectar a tiempo algunas alteraciones en el bebé como son: *las del sistema renal, del tubo neural o del tubo digestivo, algún problema en el aparato cardiovascular, alteraciones craneales e incluso el labio hendido.*

Este tipo de examen no representa riesgo alguno para la madre ni para el producto.

A partir de la semana seis, son visibles los latidos del corazón del pequeño, así como movimientos que la madre no percibe; y hacia la semana 15 todavía es posible ver al pequeño completo en la pantalla, después, como seguirá creciendo, será necesario verlo por partes.

El ultrasonido es un método muy sencillo de diagnóstico que consiste en utilizar un transductor que envía ondas ultrasónicas (imperceptibles para el oído humano) de más de 20,000 ciclos por segundo; estas ondas producen reflejos o ecos conforme pasan por los tejidos y son interceptados por una computadora como puntos en una pantalla que dan origen a la imagen.

Además **este examen no produce malestar alguno, a excepción del que se puede sentir por tener la vejiga llena.** Cuando el embarazo está en sus primeras semanas es necesario que la paciente tome de 1 a 1 ½ litros de agua con el objeto de que la vejiga desplace a los intestinos para que se pueda ver el útero.

Fuera de eso no existe otra cosa que pueda provocar malestar o incomodarte.

Hay que recordar que el ultrasonido no es mágico y el detectar o no anomalías en el feto depende de muchas cosas como pueden ser la posición del bebé o incluso su tamaño.

Cuestiones tan delicadas como un defecto o el sexo del pequeño sólo deben ser comunicadas si el doctor está totalmente seguro de que son ciertas.

CAPÍTULO 3

PLANIFICACIÓN DEL EMBARAZO

¿Cómo proteger al bebé que no ha nacido?

La etapa más importante de tu embarazo es precisamente el momento en que tú aún no sabes que estás embarazada, esas primeras semanas son las que más pueden influir en el desarrollo y crecimiento de tu bebé.

Hay muchas cosas que puedes prevenir con ciertos cuidados y con una buena planificación prenatal porque no se trata sólo de decir "estoy embarazada" y a disfrutarlo.

Cuando vas a una fiesta te preparas, cuando te casaste lo planeaste con detenimiento (bueno eso quiero creer), cuando vas al dentista primero haces una cita, para un examen estudias con tiempo (así debería de ser); en fin todo en esta vida acarrea una planeación o como le quieras llamar, entonces **¿por qué no planear el nacimiento de tu hijo, que sinceramente es el suceso más importante de tu vida?**

No estamos hablando de que si no estudias bien repruebas, estamos hablando de que si no te cuidas bien puedes complicar la vida de tu hijo e incluso destruirla.

Mira: las cosas son sencillas; cuando quieras tener un hijo prepárate para eso, consulta a tu médico (aunque suene a comercial), pregunta, aprende y lleva a cabo todo lo que tu bebé necesita para nacer sano y fuerte.

Hay ciertas sustancias, infecciones, enfermedades y acciones que pueden dañar al pequeño. La visita pre-embarazo al doctor suele ser de gran ayuda para identificar cualquier problema que pueda haber y resolver tus dudas.

En esta primera visita donde planearás tu embarazo, el doctor te preguntará todos tus antecedentes médicos, tus hábitos, costumbres, enfermedades y todo aquello que pueda ser importante para la salud de tu bebé.

Esta visita es importante sobre todo si con anterioridad estuviste embarazada y tuviste algún problema como un aborto o un parto prematuro.

Recuerda que entre mejor sea tu salud antes de iniciar tu embarazo, tu bebé tendrá mejores condiciones para desarrollarse y crecer sano.

Probablemente lo primero que el doctor te pida sea que tomes *ácido fólico (vitamina B);* aproximadamente 400 microgramos es la dosis diaria que recomiendan a una mujer que planea tener un hijo. Esto se comienza a tomar un mes antes del embarazo y por lo menos durante el primer trimestre.

¿Para qué te sirve el ácido fólico? Sencillo, para prevenir de ciertos defectos a tu bebé.

Está médicamente comprobado que el ingerir esta vitamina ayuda a prevenir defectos en el cerebro y la mé-dula espinal a los que se les llama *defectos del tubo neural (NTD).*

El ácido fólico logra reducir en un 70% las probabilidades de que tu bebé tenga la *espina bífida* y de que sufra *anencefalia*, que por si no lo sabes, es un defecto en el cerebro y es mortal.

Hay ciertos alimentos que son una fuente alta de ácido fólico como el jugo de naranja, los frijoles, el hígado (que tanto odiamos todos pero que es sumamente nutritivo), algunas verduras y los cereales comerciales fortificados, de esos que comes en el desayuno.

Identifiquemos problemas

Después de darte mil razones por las que debes tomar ácido fólico, el doctor procederá a realizarte análisis de sangre y orina para conocer tus condiciones generales de salud.

Te realizará una **biometría hemática** para conocer el número de *glóbulos rojos y blancos,* el número de *plaquetas* y la cantidad de *hierro* que hay en tu sangre.

Mediante una **química sanguínea** podrá saber tus niveles de *glucosa,* de *colesterol,* de *urea* y *creatinina.*

Probablemente te haga también una prueba de *funcionamiento tiroideo;* un mal funcionamiento puede ocasionar aborto espontáneo.

También querrá conocer tu tipo de sangre para tomar las medidas pertinentes en caso de que tu RH sea negativo ya que esto puede ocasionar un tipo de anemia en el bebé al momento de nacer.

También revisará tu inmunidad hacia ciertas enfermedades infecto-contagiosas; por ejemplo si no eres inmune a la *rubéola* y a la *varicela* te pueden vacunar, pero eso sí: deberás retrasar la concepción tres meses.

Si no eres inmune a la **toxoplasmosis** olvídate de comer carne poco cocida o cruda, ya que son fuentes de infección de dicha enfermedad.

Si además tienes un lindo gatito en tu casa, procura mantener distancia de por medio ya que **el excremento de estos animales también son fuente de infección e incluso ellos mismos pueden acarrear el parásito.**

¿No sabes qué es la *toxoplasmosis*? Bueno, pues **es una enfermedad parasitaria que en la mujer puede ser muy leve pero que tiene resultados fatales en un feto.**

También es importante que te vacunes contra la *hepatitis B* ya que **si te contagias durante el embarazo tu bebé tiene el 50% de probabilidades de contraer el virus, lo cual le traerá como consecuencia una enfermedad hepática o cáncer cuando sea grande.**

Las enfermedades de transmisión sexual, las infecciones vaginales y en vías urinarias también son peligrosas para tu bebé ya que de menos ocasionan un parto prematuro.

Tu peso es particularmente importante, recuerda que **las mujeres obesas tienen más probabilidades de**

tener un bebé con defectos de tubo neural, con diabetes e incluso un parto prematuro o complicaciones
diversas en el momento del mismo.

Hay muchas más enfermedades que pueden afectar
a tu pequeño, por ejemplo si tienes *epilepsia* debes estar
totalmente controlada en el momento de embarazarte, ya
que una crisis convulsiva puede dañar seriamente al feto.

Ahora que si tienes **hipertensión** *(presión arterial
alta),* puedes tener problemas con la placenta o un crecimiento retardado de tu bebé.

La presión puede controlarse con ciertos
medicamentos que tampoco afecten tu embarazo y que tu
doctor te indicará.

Si padeces *diabetes* pero tu azúcar está bien
controlada es posible que tu bebé nazca sano, de lo contrario
puede ocasionarte un aborto espontáneo o algún defecto
congénito.

La *fenilcetonuria* es otra enfermedad que puede
afectar a tu bebé. Las mujeres que padecen esta enfermedad deben seguir una dieta especial para que la proteína
de sus niveles sanguíneos, la *fenilalanina,* no aumente de
manera que pueda ocasionar retraso mental en el niño.

Por ningún motivo olvides preguntarle a tu doctor
qué medicamentos puedes tomar y cuáles no. **Indepen-
dientemente de que tengas un simple dolor de cabeza, tú no puedes ni debes autorrecetarte, así se trate
de una** *aspirina.*

Resulta por demás obvio que debes olvidarte también del alcohol, el cigarro y cualquier otra droga.

Si por azares del destino eres farmacodependiente sería conveniente que primero te sometas a una terapia de desintoxicación, ya que las drogas pueden poner en peligro la vida de tu bebé.

Evita los baños calientes y los saunas, vapores, o baños de asiento, ya que las altas temperaturas pueden ocasionarle al feto problemas del tubo neural.

Si anteriormente tuviste algún aborto espontáneo es muy importante encontrar la causa.

Existe un trastorno en el sistema inmunitario llamado *síndrome de antifosfolípido* que provoca coágulos en la placenta y es causa de abortos repetidos por lo que resulta conveniente someterse a un tratamiento para lograr esta vez un embarazo exitoso.

Por último échale un vistazo a las condiciones de trabajo que te rodean y platica con tu doctor, es importante que analicen si existe algún riesgo para tu bebé.

Recuerda que el plomo, algunos solventes industriales, la radiación, estar mucho tiempo de pie, los rayos x, viajar constantemente, permanecer en un lugar de fumadores (aunque tú no fumes), son factores que pueden afectar tu embarazo.

Síndrome de muerte infantil súbita

Dado que el *síndrome de muerte infantil súbita (SMIS)* es tan común, y en vista de que no se conocen las causas reales, es importante que hablemos detalladamente sobre él.

Actualmente los médicos recomiendan que los bebés duerman sobre su espalda, es decir, boca arriba. ¡Sí, como lo oyes!

Sólo en caso de que por su salud requiera dormir boca abajo, deberá hacerlo.

Por ejemplo, **si tu bebé vomita frecuentemente después de comer, o tiene un problema del corazón, de los pulmones o del sistema respiratorio, es necesario que consultes con tu doctor sobre la posición en la que debe dormir.**

Tal vez pueda dormir de lado, esto es mejor que ponerlo boca abajo.

Para reducir el riesgo del síndrome, asegúrate de que tu bebé duerma sobre una superficie firme, por ningún motivo deberá dormir en una cama de agua, ni sobre un edredón de plumas.

Procura que en su cuna no haya almohadas blandas o juguetes rellenos porque representan un riesgo para tu bebé.

Cualquier objeto pequeño puede ser causante de que tu bebé se ahogue.

Cualquier síntoma extraño que percibas en tu hijo comunícaselo a tu doctor de inmediato, no temas parecer una madre paranoica.

Olvídate del cigarro, manten a tu bebé alejado de cualquier zona con humo; que nadie a su alrededor fume porque esto puede provocarle resfriados frecuentes y otras enfermedades, así como menor resistencia al **SMIS**.

La temperatura es importante; tu bebé no debe tener frío ni calor, y su cuarto debe estar a una temperatura regular y agradable para él y para ti.

El síndrome de muerte infantil súbita no te avisa, ni presenta síntomas; así es que debes procurar a tu bebé en todo momento, conocerlo y estar al pendiente de cualquier cambio de su conducta.

La mayoría de las muertes causadas por el SMIS se dan entre el primero y el cuarto mes del pequeño; según las estadísticas mueren más niños que niñas, pero recuerda que sobre este síndrome no todo está escrito y aún hay mucho que descubrir.

Tu bebé te escucha, habla con él.

Hablar con tu bebé antes de que nazca puede ser una experiencia sumamente agradable; haz la prueba, intenta hablarle cuando te des cuenta que está enojado, hambriento, o desesperado y comienza a patear; te sorprenderás al comprobar que tu bebé se calma por arte de magia.

Psicólogos y doctores afirman que esto no es por arte de magia, es simplemente, que tu bebé requiere de tu atención y al darse cuenta de que estás al pendiente de él, se tranquiliza.

Recuerda que tu bebé te escucha y sabe cuando estás preocupada, cuando estás enojada o cuando le hablas.

Está comprobado que a partir del quinto mes un bebé puede oír y ser estimulado o molestado por ciertos sonidos.

Un feto no vive en el silencio total, puede distinguir el sonido de los latidos del corazón de su madre, el sonido del torrente sanguíneo, los ruidos producidos por los intestinos y la voz de su madre.

Incluso está comprobado que durante los últimos tres meses el bebé puede moverse en respuesta a los sonidos que escuche.

Muchos doctores recomiendan que hables con tu bebé, ya que él reconoce tu voz y el hecho de que le platiques puede tranquilizarlo.

Se han hecho experimentos donde se comprueba que si le lees a tu bebé cuando está aún en tu vientre, logras relajarlo, incluso puede ser que se duerma si le cuentas un cuento.

Intelectualmente, el hecho de que leas a tu bebé antes de nacer puede ayudarlo mucho ya que lo acostumbras a captar muchas palabras.

Un bebé tiene al nacer millones de neuronas esperando ser programadas y utilizadas.

Si acostumbras a tu pequeño a leerle, a escucharte, le platicas, le pones música; desde antes de nacer estarás ayudándole a desarrollar facultades que aprovechará después de nacido.

Eso es una gran ventaja para él y para su aprendizaje; y no estamos especulando, estamos hablando de una realidad que ha sido comprobada.

Diversos experimentos han demostrado que un niño al que le leyeron, platicaron y estimularon desde antes de nacer, aprende a hablar, a leer y a escribir mucho antes que otros niños que no pasaron por esto.

Además también es un hecho que si le pones música a tu bebé cuando aún está en el vientre, se tranquiliza enormemente, pues por si no lo sabes, un bebé antes de nacer también puede experimentar estrés.

Algunos doctores afirman que el estrés en un feto puede ocasionarle problemas de salud y que la música clásica ha demostrado ser un excelente relajante para ellos.

Así es que tienes que cuidarte mucho, evitar sucesos estresantes que puedan afectar a tu bebé; evita hacer corajes, pasar sustos y preocupaciones que puedan alterar la tranquilidad tuya y la de tu hijo.

CAPÍTULO 4

LA MAMÁ EN EL EMBARAZO

El cuidado personal

Cuando una mujer está embarazada experimenta grandes cambios tanto internos como externos, sin tomar en cuenta el aspecto psicológico.

El cabello, por ejemplo, tiende a volverse más grasoso, por lo que hay que lavarlo con más frecuencia, y después del parto lo más normal es que se te caiga mucho, pero no te asustes, no te vas a quedar calva; es normal que esto pase porque simplemente tu volumen original de cabello está retornando, ya que durante el embarazo se espesa considerablemente.

La vagina también experimenta cambios: durante el embarazo disminuye la acidez de las células, lo que ocasiona mayor disposición a sufrir una infección y a tener flujo; además; las glándulas cervicales se encuentran trabajando más, por lo que se produce un moco extra.

Tu higiene debe ser buena pero no exagerada porque corres el riesgo de resecar mucho la zona y tener otros problemas; con sólo un suave lavado externo es más que suficiente para mantenerte limpia.

Por ningún motivo se te ocurra introducir jabón en la vagina ya que puedes resecar las membranas, irritarlas y causarte una infección.

Si vas a tomar un baño de tina el agua debe estar muy limpia, pues como entra en la vagina, si tiene bacterias puede ocasionarte *vaginitis*; lo mismo sucede si te metes a una alberca, por lo que sería recomendable que lo evitaras.

En cuanto a la ropa, procura usar prendas cómodas, holgadas, olvídate de usar pantalones ceñidos o cualquier ropa que entorpezca o limite tus movimientos.

Recuerda que durante el embarazo hay mayores probabilidades de adquirir una infección vaginal, por lo que es recomendable que utilices ropa interior de algodón y en general prendas que permitan la circulación del aire en esta zona.

Es importante que tu sostén sea lo suficientemente grande y cómodo, recuerda que tus senos se encuentran más grandes y sensibles de lo normal y lo indicado es que tú estés cómoda; una opción puede ser usar los brassieres diseñados especialmente para amamantar aunque aún estés embarazada, ya que su tamaño y sósten suelen ser convenientes.

Utiliza zapatos cómodos y bajos, no martirices a tus pies, piensa en tu comodidad y no en los zapatos de moda o los que combinan con tu ropa; no te preocupes si trabajas, en la oficina entenderán que no utilices zapatillas altas.

Durante el embarazo el cuerpo produce más grasa, la temperatura corporal es más elevada y transpiras más, por lo que eres susceptible a infecciones menores.

Cuida de lavar bien tus senos, sobre todo debajo de ellos, así como de secarte bien para evitar alguna infección en esa zona.

La piel

Durante el embarazo la textura de la piel cambia tanto que la mayoría de las mujeres se ven muy bien sin una gota de maquillaje.

La *progesterona* hace que el flujo sanguíneo aumente por lo que la temperatura también aumenta y el color de la piel se acentúa.

Las hormonas estimulan a las células de la pigmentación a producir más *melanina,* lo que le da a la piel un tono más moreno.

Las estrías

Es importante que tu piel esté bien humectada, pues con el estiramiento lo más seguro es que te salgan estrías; puedes comprar una crema especial para esto y aplicártela principalmente en los senos y el abdomen.

Las hormonas afectan la piel en la zona donde se deposita mayor peso haciendo que pierda su elasticidad y separándose en capas unas más delgadas que otras.

Debes estar consciente de que las estrías son inevitables y que lo más que puedes lograr es reducir la cantidad, incluso puedes lograr que se borren un poco pero no las desaparecerás totalmente.

El momento en el que puedes lograr que se desvanezcan un poco las estrías es cuando están apareciendo, cuando se ven unas líneas rojas o azules, que después se tornan blancas, y ya no hay nada que puedas hacer porque ya son como cicatrices.

En el mercado existen cremas muy buenas que contienen una sustancia llamada **centella asiática,** la cual es excelente para desvanecer las estrías.

Ahora que si quieres, también puedes seguir la receta de mi abuelita: tienes que mezclar vaselina sólida con glicerina líquida y la pulpa de una penca de sábila; te pones esta pasta todos los días después del baño y antes de acostarte.

Es importante que lo hagas desde el principio para que cuando empiezas a subir de peso tu piel esté lo suficientemente hidratada como para ser todo lo elástica que se necesite y sufrir los menos estragos que se pueda.

Y si te da comezón, ¡por ningún motivo se te ocurra rascarte! Es lo peor que puedes hacer porque contribuye a que aparezcan más líneas; en lugar de eso mejor ponte toda la crema que puedas, ya que normalmente la comezón da por la resequedad.

¿Por qué tengo tanto sueño?

Cuando estás embarazada es normal que sientas que las horas de sueño no te rinden, sobre todo durante el primer trimestre. Es más, si pudieras te quedarías dormida de pie.

Es normal que tengas más sueño del acostumbrado en los primeros meses del embarazo ya que tu energía disminuye considerablemente.

A veces resulta agradable y recomendable tener una siesta a media tarde o a media mañana. Y si tu cuerpo te pide más horas de sueño. . . dáselas.

El cansancio te puede ocasionar irritabilidad si no le pones remedio; no pretendas seguir con todas tus actividades normales porque la energía no te alcanzará para todo.

La solución más práctica es acostarse y descansar, dormir todo lo que tu cuerpo te pida. Dedícate una parte del día en la que duermas, te relajes o simplemente te recuestes.

Es probable que hacia el final del primer trimestre recuperes algo de energías y no tengas que dormir tanto, pero si no es así, no te preocupes que esta situación no va a durar toda la vida, ¡sólo durante tu embarazo!

Las náuseas

Las náuseas son uno de los primeros y más comunes síntomas en una mujer embarazada. Normalmente aparecen en la mañana, aunque pueden dar lata a cualquier hora del día.

No todas las mujeres presentan náuseas o al menos no todas con la misma intensidad.

Este tipo de malestar puede surgir por el aumento en el nivel de *estrógeno* en tu cuerpo.

Algunas mujeres apenas si presentan malestar y otras tienen tan sensible el olfato que en ocasiones llegan a vomitar.

Recuerda que los síntomas son comunes pero que todas las mujeres somos distintas, así es que si tú pasas por el embarazo sin conocer lo que son las náuseas, no te preocupes, sigue siendo normal.

Procura no pasar hambre. Es conveniente que comas algo en cuanto te despiertes, incluso antes de levantarte; un bizcocho, un té o un jugo de frutas te ayudará a evitar las náuseas mañaneras.

Es preferible que realices comidas pequeñas pero frecuentes (de 5 a 7 al día) que sólo tres comidas fuertes ya que en pequeñas cantidades la comida es más fácil de digerir además de que te brinda energía constantemente a lo largo del día.

Evita la comida picante, grasosa o condimentada, en su lugar ingiere carbohidratos que son fáciles de digerir.

Las paletas de hielo entre comidas disminuyen los ascos.

Toma muchos líquidos, sobre todo si vomitas, a excepción del café y el alcohol que son muy irritantes; cualquier otro líquido te caerá bien.

Evita también el cigarro, el chocolate y la menta que también son muy irritantes. Come despacio y evita cualquier cítrico que pueda afectar tu estómago.

Es bueno que camines un poco después de comer para que el *jugo gástrico* fluya hacia abajo y no te afecte.

Olvídate de acostarte totalmente horizontal porque probablemente todo te dará vueltas; deja que pasen por lo menos dos horas o recuéstate con una almohada en la cabeza y espalda.

Si crees que necesitas tomar algún antiácido debes consultar primero a tu doctor para que él te recete los más adecuados.

Recuerda que el *bicarbonato de sodio* evita la absorción de muchas vitaminas que pueden ser útiles para ti en este momento.

El ejercicio

Es importante que te ejercites durante tu embarazo.

Caminar estimula la circulación en tus piernas, por lo que evita esa desagradable sensación de pesadez y la hinchazón en los tobillos.

Un buen método cuando tienes las piernas hinchadas es recostarte sobre la cama con la espalda recta y las piernas ligeramente levantadas con algunos cojines, a manera de formar un ángulo de 45 grados que contribuya a la circulación de la sangre.

En general debes continuar con tu vida normal, con tu trabajo, pero **debes evitar estar mucho tiempo de pie, hacer viajes muy largos y llevar una vida sedentaria, a menos que por causas físicas debas pasar casi todo tu embarazo en cama.**

Hay ejercicios especiales para las futuras madres como la **gimnasia prenatal,** que te mantiene en forma y te ayuda a preparar y entrenar los músculos que usarás en el momento de dar a luz.

Por ejemplo, los músculos pélvicos se pueden ejercitar mediante contracciones, antes y después del parto, para que no pierdan su flexibilidad.

Los ejercicios para espalda son también muy necesarios, pues durante un embarazo, ésa es la parte más afectada por el peso.

Por ningún motivo inventes tus ejercicios porque puedes correr peligro; recurre a instructores y personas capacitadas en la materia que no pongan en peligro tu vida.

CAPÍTULO 5

CUANDO SURGEN LAS COMPLICACIONES

Aborto espontáneo.

El primer síntoma de un aborto es una hemorragia y un dolor abdominal semejante a un cólico menstrual; este dolor se produce cuando se abre el cérvix, por lo que la pérdida del producto es inevitable.

En ocasiones no sale todo y es necesario realizar un legrado uterino, que es una operación en la que sacan del útero los restos del embarazo.

Una amenaza de aborto es identificada por un sangrado antes de la semana 28 del embarazo. Probablemente sea necesario que permanezcas en cama el tiempo restante; es decir, hasta que nazca tu bebé, o simplemente por unos días mientras te repones y tu embarazo continúa normalmente.

Es importante que si presentas una hemorragia abundante acudas de inmediato al doctor, puede ser que necesites ser internada, y créeme, la mayoría de las veces el aborto es inevitable, pero en un mínimo de los casos puedes salvar a tu bebé.

Existe un tipo de aborto llamado *diferido*, el cual presenta hemorragia vaginal lo que ocasiona que el embrión muera, sin embargo, la pérdida no se

presenta en ese momento e incluso si se practica una
prueba de embarazo es ese momento, ésta saldrá
negativa.

En estos casos también se debe realizar un legrado
para quitar los restos del embarazo, de lo contrario la vida de
la mujer puede peligrar.

Se puede dar el caso de una mujer que presente dos
abortos seguidos sin conocerse las causas, sin embargo,
también es posible que una mujer que ha tenido varios
abortos, consiga tener un bebé sin ninguna complicación.

Si en algo te reconforta, te diré que la mayoría de los
abortos espontáneos son a causa de un feto anormal, tal vez
la pérdida sea una forma de evitar que nazca un niño anormal
que en vida sufriría mucho.

Cérvix incompetente

En ocasiones, cuando se ha suscitado un legrado, el cérvix no
vuelve a cerrar igual, por lo cual queda un poco flojo y a veces
no aguanta al feto. Esta condición se llama cérvix
incompetente.

En un gran porcentaje de casos es posible llegar al
término del embarazo mediante una buena temporada de
reposo, es decir, de no levantarte más que para ir al baño y
para bañarte, claro.

En ocasiones, estos casos se pueden diagnosticar en
la visita pre-embarazo, y solucionar el problema mediante
una intervención que refuerza el cérvix.

Otra solución es pasar todo el embarazo en cama.

Placenta previa

Se le llama así cuando la placenta se encuentra apoyada totalmente en la parte inferior del útero, encima del cérvix.

Esto ocasiona hemorragias hacia el final del embarazo, las cuales pueden requerir reposo absoluto e incluso una transfusión de sangre.

La placenta previa puede diagnosticarse por medio de un ultrasonido.

Este problema puede ocasionar también que la cabeza del bebé no pueda encajarse en la pelvis, imposibilitando un parto normal, por lo que la cesárea se hace indispensable para salvar la vida del niño.

Si se presenta el caso de que no toda la placenta se encuentra sobre el útero, el parto puede llegar a ser normal pero sólo tú médico determinará esta situación.

Ruptura prematura de membranas

Te preguntarás ¿cuáles membranas? Pues las que rodean al feto y recubren el útero.

Estas membranas debieran romperse hasta el momento del parto, pero en ocasiones lo hacen antes y aparentemente sin motivo alguno.

El único síntoma de esto es más que evidente: la pérdida de agua que en realidad es líquido amniótico.

Aunque la pérdida normalmente es mínima, es necesario que, si te pasa, acudas de inmediato al doctor.

A veces con algunos días de descanso, de reposo absoluto, se soluciona todo: se cierra la membrana y el embarazo puede seguir su rumbo acostumbrado.

Por el bebé no te preocupes, al menos en ese momento, ya que él repone el líquido amniótico de inmediato; a menos que la pérdida sea constante y por varios días.

La ruptura de membranas en ocasiones se llega a confundir con secreciones vaginales que durante el embarazo son muy comunes, o con pérdida de orina. Sólo hay que poner cuidado e identificar cada uno de estos casos para evitar problemas y confusiones.

En ocasiones la ruptura de membranas puede ocasionar complicaciones serias como son el aborto, el parto prematuro o una infección vaginal.

Si se trata de una infección, ésta producirá fiebre en la madre y habrá que analizar una muestra de la vagina; por lo general este tipo de infecciones se trata con antibióticos, y si el parto se suscita habiendo infección, también al bebé se le medicará con antibióticos después del parto.

El aborto no tiene remedio, pero un parto prematuro puede retrasarse inclusive semanas, con la ayuda de medicamentos y reposo absoluto.

Una de las causas conocidas de ruptura de membranas es en ocasiones un *cérvix incompetente*, lo cual se soluciona con una operación, como ya te lo mencioné.

Secreciones vaginales

Las **secreciones vaginales** llegan a ser comunes durante el embarazo, en gran parte debido a que las hormonas contribuyen a que sucedan.

Desafortunadamente durante el embarazo eres más propensa a tener una infección vaginal (recuerdas lo de las albercas públicas) ¿del capítulo dos?, ya que tus mecanismos de defensa están más bajos de lo normal.

La infección, por lo general, se manifiesta en un flujo que puede ser blanco o amarillento y espeso, provocando al mismo tiempo irritaciones y mucha molestia.

Estos síntomas requieren atención inmediata de un doctor y un estricto control durante todo tu embarazo para evitar problemas posteriores con tu bebé.

Hipertensión, ¿cómo afecta?

La **hipertensión** es un problema común en el embarazo que se manifiesta por el aumento de la presión arterial arriba de 90/140mm Hg. en un periodo con seis horas de diferencia por lo menos.

La hipertensión puede llegar a manifestarse por medio de la pre-eclampsia, la eclampsia, la hipertensión crónica, y algunas enfermedades renales.

Cuando la presión arterial es alta desde antes de la semana 20 del embarazo, se le considera **hipertensión crónica.**

Una ligera hipertensión no es grave por si sola. Sin embargo, cuando está acompañada de *edema o proteinuria* (o ambos) se convierte en *pre-eclampsia.*

El hecho de que una mujer embarazada tenga *pre-eclampsia* es algo que requiere un estricto control médico, ya que puede desencadenar en un *ataque de eclampsia.*

Pero vamos por partes: te preguntarás a qué me refiero con *edema o proteinuria,* ¿o no?

Pues bien, un *edema* es la hinchazón evidente en brazos, piernas, pies, manos y cara, a causa de la retención de líquidos, pues el cuerpo tiene problemas para expulsarlos.

El *edema* por sí solo no representa ningún peligro; de hecho, a veces con sólo un poco de descanso, de estar acostada con las piernas más arriba del nivel de la cabeza, se soluciona; sin embargo, **si el *edema* no cede con descanso, tal vez será necesario que el médico te recete un diurético ligero para producir una mayor cantidad de orina, y por consiguiente para eliminar líquidos.**

La *proteinuria* es la presencia de proteína en la orina, mejor conocida como *"albúmina de orina"*.

Es conveniente que en cada visita a tu doctor, se analice tu orina y se lleve un estricto control de los niveles de proteína en ella.

Llega a ser normal que tu orina presente un poco de proteína, pero sólo un poco, ya que niveles altos pueden estar asociados con una *pre-eclampsia*.

Si la *pre-eclampsia* presenta síntomas como presión arterial muy alta, mucha proteína en la orina y notable hinchazón o *edema*, en diversas partes de tu cuerpo, y además de todo no se diagnostica o trata en forma adecuada, lo más seguro es que termine en un **ataque de eclampsia.**

Lo adecuado con una mujer que presenta *pre-eclampsia* es que mantenga un reposo absoluto con el fin de que su presión baje al igual que sus edemas.

En ocasiones y según los niveles de los síntomas, se hace necesario internar a la paciente para tener mejor control sobre ella

Se le administran sedantes, una dieta baja en sal, algunos diuréticos e incluso pastillas para bajar la presión.

Cabe mencionar que la *pre-eclampsia* daña a la placenta y la alimentación del bebé, ya que limita su oxigenación, por lo que su crecimiento se verá retardado.

Otros síntomas de la *pre-eclampsia* pueden ser los trastornos visuales (vista borrosa), dolores abdominales, vómitos, dolores de cabeza.

Sin embargo, cuando estos síntomas se presentan es porque el estado de *pre-eclampsia* es grave y avanzado, puede desencadenarse un ataque en cualquier momento.

Una vez más, te repito que es muy importante tu control médico porque de él depende no sólo tu salud sino también la de tu bebé.

La falta de oxígeno puede ocasionarle al producto algún defecto físico o mental, la falta de alimento se verá reflejada en el lento crecimiento del producto y las alteraciones en la placenta pueden desencadenar problemas de placenta previa.

Esto es lo menos que le puede pasar a tu bebé si dejas llegar un estado grave de *pre-eclampsia*.

Enfermedad de Rhesus

Aquí nos referimos a tu sangre, no importa el tipo (A, B, O, AB) pero sí el factor RH (Rhesus) que es positivo o negativo.

De hecho una mujer tiene problemas cuando su RH es negativo y concibe con un hombre que es RH positivo.

Es decir, si el bebé de una mujer RH negativa resultara ser RH positivo, la sangre de la madre desarrollará ciertos anticuerpos que afectarán un siguiente embarazo.

Esto puede evitarse administrando una vacuna a la madre inmediatamente después de su primer parto; la vacuna es conocida como anti-D y las hay con varios nombres como Rhogam, Anti RH, etc.

Si tú estás en esta situación, háblalo con tu doctor y él te indicará cuál vacuna comprar y el procedimiento a seguir.

Pero, ¿qué hacen los anticuerpos en el siguiente embarazo? Sencillamente, pueden provocar un aborto.

Las consecuencias de la llamada *enfermedad de Rhesus* pueden ser, de muy leves, hasta que el bebé nazca con ictericia grave, anemia e inclusive puede morir dentro del útero.

Así es que si eres RH negativo, no te arriesgues a que tu segundo bebé no se logre, prevé las fatales consecuencias en tu primer embarazo.

CAPÍTULO 6

CUIDADOS BÁSICOS

Mi alimentación es la de mi bebé

Debes tener presente que tu alimentación debe ser lo más perfecta que se pueda durante tu embarazo, ya que de ella depende tu salud y la de tu bebé.

Es normal que conforme tu embarazo avanza, tu peso aumente.

El peso promedio de aumento varía entre 10 y 12 kilos.

El peso excesivo no es bueno ni para el bebé ni para la madre, ya que puede ocasionar complicaciones en el momento del parto, y dificultar que la madre recupere su figura después del parto. Esto no te gustaría, ¿o sí?

Como en cualquier otra etapa de tu vida, la alimentación es importante, con la diferencia de que en esta ocasión tendrás que pensar y comer para dos **(comer "para" dos y no "por" dos, que es muy diferente).**

La proteína, por ejemplo, es muy importante ya que es necesaria para la construcción de los tejidos de las mamas y tus glóbulos rojos, así como para que el feto, el útero y la placenta crezcan sin problemas.

La carne, el pescado, el huevo, la leche y el queso contienen proteínas de origen animal, pero el maíz, el arroz, las nueces y las lentejas contienen proteínas de origen vegetal.

Los carbohidratos también son importantes porque son necesarios para tener energía, éstos los encuentras fácilmente en las papas, harina, cereales, el pan en general, el arroz y la pasta.

La fibra es muy importante, la falta de ella produce constipación, inflamación de colon, estreñimiento y por lo tanto aparición de hemorroides.

Una dieta rica en fibra (vegetales, fruta y cereales) contribuye a que tu organismo trabaje mejor.

La grasa es la fuente más concentrada de energía, incluso algunos alimentos ricos en grasa también contienen vitaminas como es el caso de la mantequilla, la leche, el huevo y el queso.

Las restricciones en las dietas sólo pueden provocar problemas, por ejemplo, algunas dietas vegetarianas son muy bajas en *proteínas, hierro, vitamina B12 y ácido fólico;* lo cual puede ocasionar un crecimiento fetal pobre, anemia en la madre y riesgo de parto prematuro.

Es importante, por lo mismo, que si eres vegetariana, sigas una dieta estrictamente supervisada por tu doctor para evitar problemas.

¿Para que sirven las vitaminas?

La vitamina A es esencial para el desarrollo de la vista, los huesos y muchos órganos internos, y se encuentra principalmente en la leche, mantequilla, queso, vísceras, calabaza, zanahoria, etc.

La vitamina B es un grupo muy importante para el crecimiento de tejidos que encontramos en la mayoría de las carnes, el huevo, el pan integral, la leche y todas las verduras de hoja verde como son berros y espinacas.

La vitamina K es necesaria para la buena coagulación; se encuentra en las verduras de hoja verde y en los cereales.

La vitamina D es indispensable para el desarrollo del esqueleto (al igual que el calcio) y la falta de ella provoca *raquitismo.*

Esta vitamina la encontramos en el huevo, la leche y sus derivados y en el aceite de hígado de bacalao.

La vitamina C se encuentra en los vegetales verdes, los cítricos y frutas diversas como guayabas y fresas, en las papas y los tomates.

Esta vitamina previene el *escorbuto*, favorece la cicatrización y fortalece al organismo contra enfermedades como la gripe.

En cuanto a *los minerales,* éstos también son necesarios para el funcionamiento correcto del cuerpo.

El hierro es esencial para la formación de la sangre y es el principal componente de la *hemoglobina.*

Lo encontramos en el hígado, los riñones, la carne roja, la yema de huevo, la fruta seca y las verduras de hoja verde, las lentejas y otras leguminosas.

Ya anteriormente hablamos de lo importante que es tomar un suplemento de hierro (ácido fólico) durante el embarazo (para mayor referencia ver el capítulo 3).

El calcio es importantísimo para que los huesos y dientes estén en óptimas condiciones.

Una mujer embarazada debe ingerir medio litro de leche al día o su equivalente en yogurt, queso o algún otro derivado lácteo poco grasoso.

La leche entera tiene mucha grasa y calorías por lo que tal vez (si tu dieta lo amerita) debas tomar leche "light" que es baja en grasa pero con las mismas cantidades (o hasta más) de vitaminas, calcio y otros minerales.

Como puedes ver, los minerales al igual que las vitaminas son elementos necesarios en el metabolismo de la célula y es indispensable su ingestión para compensar lo que tu organismo desecha día con día.

No olvides que durante el embarazo tus dientes necesitan cuidado especial, por lo que sería conveniente que visitaras al dentista desde el inicio de tu estado.

Durante el embarazo son muy frecuentes las caries debido a la falta de calcio, ya que el bebé se queda con casi todo el calcio que consumes.

Todos hemos oído acerca de los antojos de una mujer embarazada, si a ti te ocurren con frecuencia no te preocupes, es normal.

Algunos doctores piensan que es sólo psicológico, otros creen que el antojo se debe a la carencia de algunas sustancias en la dieta de la futura madre.

El desarrollar cierta gula o cierto desprecio por algún alimento es normal, y de hecho, la única contraindicación es que a la mujer se le antoje comer cosas extrañas como carbón o que su peso esté exageradamente arriba del límite.

Cero alcohol

Evita el alcohol preferentemente desde antes de la concepción y durante el embarazo.

Está medicamente comprobado que aún en dosis muy pequeñas, el alcohol representa un gran riesgo para el feto; puedes adivinar qué tan peligroso es que la futura madre ingiera grandes cantidades de alcohol.

Uno de los resultados más frecuentes es que el bebé nazca con el *síndrome alcohólico fetal*, el cual se puede manifestar mediante diversos defectos mentales y físicos.

El alcohol puede dañar severamente la vista, ocasionar malformaciones y daños mentales graves.

Adiós al cigarro

El tabaco es aún más peligroso que el alcohol, ya que daña la capacidad de aporte de oxígeno de la sangre materna.

Tanto la *nicotina* como el *monóxido de carbono* del cigarro son sustancias que puede afectar directamente al feto al atravesar la barrera placentaria y llegar al torrente sanguíneo fetal.

Tal vez sea muy difícil para ti dejar de fumar pero, ¿que razón más poderosa para hacerlo que la salud de tu bebé?

Existen clínicas con programas especiales para ayudar a las mujeres que quieren dejar de fumar; habla con tu doctor al respecto.

Recuerda que el cigarro es muy peligroso y puede ocasionar que tu bebé nazca con múltiples deformidades físicas, con un peso por debajo de lo normal, te puede acarrear problemas de placenta previa y de desprendimiento prematuro de placenta.

Además está comprobado que las probabilidades de un aborto espontáneo o de un nacimiento prematuro también aumentan.

El cigarro puede ocasionar también que tu bebé tenga problemas respiratorios o de aprendizaje o que nazca muerto.

Más aun, la conocida *"muerte súbita infantil"* es también resultado de un prolongado tabaquismo.

Por si no sabes cómo es este tipo de muerte, te diré que un bebé aparentemente normal y saludable que llega a morir sin presentar ningún síntoma, es víctima del síndrome de la *"muerte súbita infantil"*. Es cuando dicen que a los bebés se les olvida respirar (ver capítulo tres).

Por eso es importante que aún después de nacido tu hijo permanezcas sin fumar.

Recuerda que los pequeños que viven rodeados de personas que fuman tienen mayores problemas respiratorios, más resfriados, infecciones de oído y gripe, inclusive algunos presentan cuadros de asma.

El cigarro, entre sus tantas "monadas", también aumenta el riesgo de los embarazos ectópicos (ver capítulo 1)

En fin, el consumo del cigarro es algo que debes evitar totalmente durante tu embarazo; y si quieres ser una persona sana, evítalo toda tu vida.

Automedicación y drogas

Existen medicamentos que a pesar de ser buenos para la madre pueden dañar al bebé pues al igual que el alimento, el oxígeno y la nicotina, pueden atravesar la placenta y llegar al torrente sanguíneo del bebé; aunque cabe aclarar que no todas las medicinas lo hacen y no todas son dañinas para el bebé.

Por ningún motivo debes tomar un medicamento sin prescripción médica, así sea un simple analgésico.

Es importante que ante cualquier sospecha que tengas de estar embarazada, consultes a tu doctor ya que existen muchas medicinas que si se ingieren en las primeras semanas de embarazo pueden ocasionar anormalidades serias en tu bebé.

Hay también muchas medicinas que pueden evitar que el bebé sea tan sano como podría serlo.

Por ejemplo, no es conveniente vacunar contra viruela o rubeola a una mujer embarazada porque puede ocasionar una infección viral en el bebé.

La *cloroquina* que se utiliza contra la malaria puede ocasionar anormalidades oftálmicas, mientras que la *tetraciclina* ocasiona que los dientes del bebé se vuelvan amarillos.

La *estreptomicina* provoca sordera y la *sulfonamida* provoca anemia; éstas últimas se utilizan contra diversas infecciones; sin embargo, existen otros antibióticos que sí pueden ser utilizados durante el embarazo.

Esta por demás decir lo peligrosas que son las drogas como la *heroína*, la *mariguana*, la *cocaína* y el *LSD*.

Si las drogas legalmente permitidas, como el cigarro y el alcohol, causan problemas, imagínate las que no lo son.

El **LSD** por ejemplo, causa graves daños cromosómicos, la **heroína** reprime la respiración del bebé y puede ocasionar su muerte.

La **mariguana** debilita los signos vitales del feto, con el riesgo de que éstos no se restablezcan y el bebé muera; mientras que la cocaína también causa defectos físicos.

Tal vez tú pienses que existen muchos casos de bebés que nacen bien y que son hijos de madres drogadictas, sin embargo, nada garantiza que esos niños no tengan problemas el día de mañana, tanto respiratorios, de aprendizaje, de corazón o peor aún, de adicción.

CAPÍTULO 7

PREPARA EL CUARTO DEL BEBÉ

Muebles y decoración

Una vez que el bebé nazca el tiempo no te rendirá mucho, por eso es conveniente que prepares con anticipación todo lo que puedas necesitar para el cuidado de tu hijo.

Tienes que pensar en muebles, ropa, aditamentos, la decoración de la recámara, en fin, en muchas cosas.

Si tienes definida cual será la recámara de tu bebé, sería agradable que emplearas un poco de tu tiempo en decorarla. Por ejemplo, colores pastel en los muros o unas cortinas con estampado para bebé.

Procura no utilizar colores chillantes que puedan estresar a tu bebé.

Los cuadros decorativos son importantes porque estimulan la atención de tu pequeño; las figuras geométricas y grandes son más fáciles de captar e identificar por el pequeño.

Los móviles son objetos muy útiles y los puedes encontrar de distintos materiales, incluso con cajita musical o sonaja.

Piensa que no sólo debes tener una cuna, tal vez necesites una bañera alta que te ahorre muchos dolores de espalda.

Hay muebles que además de servir como cajonera, tienen también un compartimiento para cambiar al bebé y divisiones para colocar todos los aditamentos necesarios para cambiarle el pañal, como el aceite, las toallitas húmedas desechables, pomada contra las rozaduras, franelas o pañales de tela, cotonetes, algodón entre otros.

La periquera o silla para comer también es importante, así como la silla para auto, si es que lo tienes, claro.

El bambineto es un medio de transporte muy cómodo para los recién nacidos y para cuando están ya más creciditos, la carreola.

Procura que ésta sea lo más adecuada a tus actividades, que sea cómoda para tu bebé y para ti.

No te compliques la vida con carreolas que no se puedan plegar o demasiado estorbosas; revisa que tengan buenas llantas y que rueden fácilmente.

Si acostumbras viajar en cualquier tipo de transporte público tal vez prefieras utilizar una cangurera; de preferencia compra una para cargar a tu bebé por delante para que puedas observarlo, vigilarlo y estar al pendiente de lo que le pasa y necesita.

Conforme tu pequeño crezca las necesidades aumentarán, pero no te preocupes, pues con un poco de sentido común, algunos consejos y una que otra visita a tiendas de artículos para bebés, lograrás tener no sólo lo adecuado para cuando tu pequeño nazca: también conseguirás cuidar tu bolsillo.

¿Qué necesito comprar?

Lo más seguro es que si organizas un "baby shower" te regalen infinidad de artículos y ropa para tu pequeño, sin embargo, este tipo de regalos por lo general son para cuando el bebé ya tiene algunos meses; por eso es importante que te prepares con ropita adecuada para un recién nacido.

No olvides comprar camisetitas cruzadas que son mucho más fáciles de ponerle al bebé; algunos pañales de tela te servirán, si no para usarlos como tal, sí para limpiar al pequeño.

Los mamelucos son básicos, el material de éstos depende de la temporada en que vaya a nacer.

Otras prendas que puedes necesitar son: chambritas, calcetines, guantes para evitar que se rasguñen, pantaloncitos, playeras, camiseta de cuerpo entero (las abrochas por abajo y son ideales para el calor), zapatos suaves, botitas, fajeros (según las abuelitas son ideales para controlar el ombligo de los recién nacidos).

Entre los artículos que no te deben faltar están el biberón, las roscas, las mamilas, un aspirador nasal, unas tijeras de punta redonda, una cuchara dosificadora para las medicinas (por si se enferma), un termómetro convencional y uno anal (los digitales no son del todo confiables), y un cortauñas para el bebé.

Las mamilas de viaje que se utilizan con bolsas de plástico desechables son muy prácticas para las mamás que salen mucho; nada más no olvides tener siempre a la mano las bolsas esterilizadas que puedes encontrar en cualquier farmacia.

Para el baño, no sólo necesitas la bañera y el jabón, también necesitas una esponja, una toalla grande, talco, etc.

Que no llegue tu bebé a casa y tu no tengas sábanas para su cuna o moisés.

Decide con anticipación si usarás pañales de tela o desechables y, si son de éstos últimos no compres de los más pequeños que por lo general son para niños muy chiquitos.

Como no sabes exactamente el tamaño que tu bebé tendrá al nacer, por si acaso compra un solo paquete de pañales para recién nacidos, así, si no le quedan, tan sólo desperdiciarás un paquete (en caso de que no te lo quieran cambiar).

Tampoco olvides tener un esterilizador de mamilas, un cepillo para lavarlas, un calentador de mamilas que puedes tener a la mano en las noches.

No está por demás que visites varias tiendas de artículos de bebé para que conozcas todas las cosas útiles e inútiles que puedes comprar para él.

Recuerda que no todas las curiosidades que venden son funcionales, así es que escoge con cuidado lo que compres; el chiste es que también cuides tu economía.

CAPÍTULO 8

EL CRECIMIENTO DE TU BEBÉ
PASO A PASO

El primer trimestre

Para el momento en que te das cuenta de que estás embarazada, tu futuro bebé aún no tiene forma definida pero sin lugar a dudas es ya una criatura viviente.

Poco a poco en el embrión se comienzan a desarrollar el cerebro, el corazón, el conducto digestivo e incluso la columna vertebral que termina en una especie de cola, lo cual le da la apariencia de un animal.

A las cuatro semanas, el embrión parece un grano de arroz, mide aproximadamente 1cm. y no pesa más de 2 gramos, lo cual se cuadruplica hacia las ocho semanas en que mide cerca de 4 cm. y pesa alrededor de 8 gramos, es apenas perceptible al ojo humano y no tiene una forma específica.

Entre la semana cinco y la semana ocho, el feto muestra ya señales de la futura aparición de ojos, nariz y oídos; sus piernas y brazos muestran el principio de manos y pies; sus huesos están empezando a tomar forma y su corazón late independiente del tuyo.

Hacia el final del primer trimestre, el hígado y los riñones del feto comienzan a funcionar mientras los genitales se están formando y el cerebro se encuentra ya cubierto de hueso.

Es durante este trimestre cuando mayores riesgos corre tu bebé y cuando más cuidados debes tener para no dañarlo de manera irreversible.

Recuerda que en estas primeras semanas el feto es particularmente sensible a muchísimas cosas (ver capítulos 1 y 2) que tú ni siquiera tienes idea de que puedan dañarlo.

El segundo trimestre

Hacia la semana 16, el feto comienza a chupar y a tragar; el aparato digestivo y el urinario comienzan a funcionar. En este momento el pequeño mide cerca de 16 cm. y pesa alrededor de 100 gramos.

En esta etapa y cuando visites a tu doctor podrás escuchar el corazón de tu bebé sin ningún problema, si tu doctor no te lo sugiere hazlo tú; es una experiencia sin igual que por nada del mundo debes perderte.

Entre las semanas 18 y 20, los dedos de manos y pies se terminan de definir, así es que aparecen las uñas y las huellas digitales.

Para la semana 22 (la mitad del sexto mes), el feto pesa ya unos 300 gramos y mide aproximadamente 20 cm. Mientras que las cuerdas vocales van apareciendo y todo el cuerpo del feto se recubre de un pelo suave que no se le caerá hasta el nacimiento.

Durante las siguientes cuatro semanas el bebé llega a alcanzar un peso de aproximadamente 800 gramos y un tamaño de hasta 31 cm.

Mientras tanto, los párpados comienzan a separarse, así el bebé abrirá los ojos a menudo a partir de este momento. Además, el oído, el olfato y el gusto comienzan a desarrollarse; el bebé se vuelve más activo y sus movimientos son muy evidentes para la madre.

El tercer trimestre

En este momento, si el bebé llegara a nacer, necesitaría muchos cuidados especiales, pues mediría aproximadamente 37 cm. y pesaría como 1.500 kg.; esto es lo que se llama un bebé prematuro que quizás tenga que estar un buen tiempo en la incubadora.

Mientras tanto el hígado y el cerebro del bebé maduran rápidamente; hacia la semana 32 el bebé patea tan fuerte que ocasiona malestares en la madre e inclusive sus movimientos llegan a notarse en el exterior.

Conforme el feto siga creciendo le será más difícil moverse, ya que ocupará casi todo el espacio.

Durante éstas semanas el bebé crece rápidamente hasta llegar a unos 43 cm. de largo y alrededor de 2.400 kg. y casi todos sus órganos están completamente desarrollados.

Si es niño, éste es el momento en que los testículos bajan a las bolsas escrotales.

Hacía las últimas semanas del embarazo, entre la 37 y la 40, el bebé ya está lo suficientemente apto como para vivir fuera del cuerpo de su madre. Poco a poco el producto desciende a la parte baja del abdomen (a lo cual se le llama encajamiento) y se prepara para el nacimiento por lo que su actividad (patadas) disminuye.

Cuando un bebé nace pesa en promedio unos 3 kg. y mide alrededor de 50 cm. Claro está, que esto varía de un niño a otro, dependiendo de muchos factores.

Bebés prematuros

Es muy importante que sepas cuáles son las causas por las que tu bebé puede nacer con un peso bajo y las consecuencias que esto trae consigo.

Los bebés que nacen con peso bajo tienen el 60% de probabilidades de no sobrevivir y aún los que llegan a salvarse todavía pueden padecer algún problema como parálisis cerebral, retraso mental, o alguna deficiencia de pulmón, de la vista o del oído.

Se considera que es un bebé con peso bajo al nacer aquél que no sobrepasa los 2.500 Kg. y si de plano no llega a pesar más de 1.800 Kg. se le considera un bebé de *muy bajo peso*, lo cual disminuye sus posibilidades de vida.

Son muchas las razones por las que un bebé puede nacer con bajo peso: a veces se debe a que el bebé nació antes del término del embarazo, por lo que aún no estaba preparado; otras veces es porque aunque cumplió su término hubo algo en su desarrollo que le impidió crecer normalmente.

Otro caso son los bebés de embarazos múltiples que por ser dos, tres o más, frecuentemente nacen con poco peso aunque el embarazo llegue a su término.

Un bebé que nace más pequeño de lo normal puede ver su problema reflejado en deficiencias respiratorias, y esto es una de las principales causas de muerte. Cuando un bebé no obtiene suficiente oxígeno normalmente el doctor le pone un tubo pequeño en la nariz o la boca que le ayude a respirar.

Otros bebés de peso bajo al nacer tienen problemas del corazón, por lo cual tienen que ser operados casi de inmediato.

Algunos llegan a tener enterocolitis necrotizante que es una inflamación del intestino, que también puede causar la muerte y que a menudo requiere operación o un tratamiento intensivo con antibióticos.

Si el bebé nace con hipoglucemia (azúcar baja en la sangre) puede tener daños cerebrales; es necesario darle glucosa, y si su problema es la anemia, entonces se le dará un suplemento de hierro o inclusive puede necesitar una transfusión de sangre.

A veces sólo se trata de un bebé que nació con muy poca grasa en el cuerpo, y por ello tiene que ser llevado a una incubadora que lo ayude a mantener la temperatura corporal normal para un pequeño.

Un caso muy grave puede ser un derrame cerebral; esto le ocurre a los bebés de muy bajo peso al nacer y normalmente les ocasiona la muerte; aún si llegan a salvarse pueden tener problemas de aprendizaje o algún retraso mental.

Una forma de evitar que tu bebé tenga un peso bajo al nacer es tener una adecuada atención prenatal, por lo que no debes descuidar tu salud ni dejar de ir al médico.

Desde el momento en que piensas embarazarte olvídate por completo del alcohol, del cigarro y de cualquier otra droga lícita o ilícita que pueda dañar a tu bebé o limitar su crecimiento.

Si sufres de alguna enfermedad crónica como la diabetes, la presión alta, alguna infección o problema de riñón, del corazón o del pulmón debes procurarte un análisis y control profundo para evitar que cualquiera de ellas dañe al feto.

Debes alimentarte bien, seguir una dieta balanceada e incluso iniciar el embarazo muy bien nutrida. Está comprobado médicamente que ingerir ácido fólico antes y durante el embarazo, reduce las probabilidades de que tu bebé nazca con peso bajo e inclusive que sea prematuro.

Recuerda que cuando estás embarazada el mejor guía que puedes tener es tu médico; pregúntale todo lo que quieras, todas tus dudas y tus temores.

Fecha de parto

Es común que todas las futuras madres pregunten cuándo nacerá su pequeño.

Es difícil saber con exactitud la fecha del parto puesto que la fecha misma de la concepción muchas veces se desconoce.

Lo que sí se puede, es hacer un cálculo aproximado partiendo del primer día del último periodo menstrual, fecha a la que se le suman 281 días, siempre y cuando tengas un ciclo regular de 28 días en promedio, porque si es más largo habrá que aumentarle algunos días en proporción a los días de tu periodo.

Para que te resulte más fácil piensa en el primer día de tu última regla. Supongamos que tu último periodo comenzó el 10 de mayo, súmale 7 días (17 de mayo) y después agrégale 9 meses para tener la fecha más cercana al parto: el 17 de febrero.

Si tu periodo es de 30 días, súmale dos más a la fecha final y tendrás que tu bebé probablemente nazca el 19 de febrero. Los días que le aumentes serán los días de diferencia del día 28 de tu periodo; es decir, si tu ciclo es de 35 días le sumas 7 días y si es de 26 días le restas dos días.

Recuerda que esto es sólo una aproximación a la fecha de parto y no tiene una total exactitud.

CAPÍTULO 9

EL MOMENTO SE ACERCA

Como disponerte para el parto.

Elena tiene 29 años, es corredora; sin embargo, cuando se embarazó tuvo que dejar de entrenar y minimizar sus esfuerzos al máximo. El médico le permitió trotar tres veces por semana, pero se tuvo que olvidar de sus agotadores entrenamientos de día con día.

La desesperación de Elena era tan evidente que sus conocidos no se cansaban de proponerle actividades nuevas para contrarrestar su aburrimiento.

Una de sus cuñadas le recomendó un curso de parto psicoprofiláctico, el cual constituyó un gran cambio en su vida.

"Las clases son estupendas -decía la cuñada-: tienes que ir con tu marido y es algo así como una terapia de grupo, te explican muchas cosas, te dan muchos tips. El objetivo de estos cursos es enfocarte en la respiración y en las contracciones para olvidarte por completo del dolor. ¡Y créeme, realmente funciona!"

"Yo era muy escéptica -dice Elena después de haber aceptado- y este curso me ayudó mucho a ver las cosas más claramente. Era mi primer embarazo, así es que los temores estaban latentes todo el tiempo, lo

bueno fue que mi esposo no me dejó sola ni un minuto y esto fue algo muy importante durante mi parto; él me ayudó a concentrarme en la respiración y a olvidar el dolor, y lo mejor de todo es que ¡lo conseguí! y ayudé a que el nacimiento de mi bebé fuera rápido y poco traumático para él".

El caso de Elena es uno de muchos ejemplos de que sí se puede llevar a cabo un parto psicoprofiláctico.

Tú como futura madre tienes la opción de tomar este tipo de cursos, de hacer poco de gimnasia pre-natal e incluso puedes decidir (en conjunto con tu médico) tener un parto bajo el agua.

Este tipo de partos se llevan a cabo en lugares muy específicos y, a un costo muy elevado todavía; el objetivo de que el bebé nazca dentro del agua es evitar los traumas post-parto (un fuerte estrés), ya que el medio al que salen es muy parecido al medio en el que hasta unos minutos antes vivía: el útero.

Decide las condiciones de tu parto

Lo común y lo más seguro es que des a luz en un hospital; habla con tu doctor al respecto, es importante que sepas en qué hospitales trabaja él por lo regular.

Conoce los hospitales, infórmate sobre los distintos paquetes que tienen para un parto, los planes de pago, las condiciones y facilidades que te puedan brindar.

Cuando te decidas por el hospital en que te atenderás durante tu parto, puedes ir a conocerlo.

Es importante que sepas cuales son los servicios que te ofrece el hospital, los horarios de visitas, la posibilidad de que tu marido u otro familiar pase la noche contigo.

Cómo son los cuartos y qué servicios tienen, cuántas visitas puedes recibir, si hay tienda, cafetería, teléfonos públicos cercanos; en fin, todo lo creas que te puede hacer falta y lo que no también.

Cuando llegue el momento, decidirás, dentro de las posibilidades que te dé tu parto, la posición que quieres tomar, el tipo de analgésico que autorizarás para que te administren, y todo lo que pueda estar relacionado con este suceso. Tu médico debe orientarte al respecto.

Hay cosas que no debes olvidar y sí llevarlas a la práctica:

-Recopila toda información acerca del embarazo; cualquier institución de salud tiene la obligación de proporcionártela.

-Lee todo lo que puedas, analiza y escribe tus dudas para después preguntárselas al doctor.

-No es obligatorio que te rasures el área púbica durante el parto, eso sólo lo decides tú.

-Tampoco la *episiotomía* es algo de cabecera, además el doctor debe pedirte autorización para realizarla.

-La inducción del parto sólo debe realizarse cuando sea estrictamente necesaria y no por conveniencia del hospital.

-Cualquier medicamento deberá ser autorizado por ti para que te sea administrado.

-La ruptura artificial de membranas no es, ni debe ser un proceso de rutina, sólo debe realizarse cuando se necesite.

-Decide tus condiciones de parto, analiza tus opciones, platica con tu doctor y toma la mejor de las decisiones para ti y para tu bebé.

☺   ☺   ☺   ☺   ☺   ☺   ☺   ☺

CAPÍTULO 10

¿QUÉ SUCEDE EN EL PARTO?

Lo que está pasando dentro de tu cuerpo.

El parto se divide en tres etapas muy marcadas:

En la primera etapa, el cérvix debe abrirse hasta alcanzar un diámetro de diez centímetros aproximadamente para que por ahí pueda pasar la cabeza del feto.

Poco a poco la dilatación se acelera, a causa de las contracciones del útero.

Las contracciones comienzan en la parte superior del útero (que es un gran músculo) y con cada una de ellas los músculos se tensan, mientras que la parte inferior del útero se ensancha.

Con cada contracción, el útero se acorta y empuja al bebé hacia el exterior.

Cuando el cérvix está totalmente dilatado, las membranas se rompen y el líquido sale de la vagina; a esto se le conoce como la *"ruptura de la fuente"*. Una mujer próxima a dar a luz, sabe que el parto ha comenzado cuando le sale agua por la vagina.

Hasta aquí las contracciones son regulares. En un principio hay 15 o 20 minutos de diferencia entre cada contracción y hacia el final de esta primer etapa hay alrededor de dos minutos entre las contracciones.

El dolor varía de mujer en mujer, no siempre es igual de un parto a otro, así es que respecto a este punto cualquier apreciación que no sea propia, en realidad no te dirá nada.

Es importante que sepas que los periodos de relajación entre una contracción y otra son vitales para tu bebé, pues mientras estás en la contracción la sangre no le llega y esto lo cansa mucho.

En la segunda etapa el bebé desciende a lo largo del canal del parto. Para que esto sea más rápido puedes ayudarlo empujando.

Aquí las contracciones son menos frecuentes y mucho más fuertes, lo cual permite que el bebé obtenga sangre suficiente y que la madre pueda tener mayor descanso.

Al final de esta etapa, la cabeza del bebé es empujada hacia dentro de la pelvis y hacia afuera de tu cuerpo. Conforme desciende va girando y adaptándose a la forma de la pelvis.

En ocasiones, a la madre se le realiza una *episiotomía* con el objeto de que haya más espacio para que el bebé salga.

La episiotomía es una abertura realizada en el perineo, abarca desde la abertura vaginal hasta la abertura anal; según los doctores es preferible hacer esta abertura que tratar de curar un desgarramiento natural.

Hacia el final de la segunda etapa el bebé ha salido casi por completo.

En la tercera etapa, el bebé ya ha salido totalmente de la vagina mientras que el útero se contrae, en ese momento la placenta se separa de la pared del útero y se desliza hacia la vagina, mientras que se produce un pequeño sangrado.

En el momento en que la placenta es expulsada, las fibras musculares que rodean el útero se contraen y el sangrado se detiene. Este es el alumbramiento.

Esta última etapa dura sólo unos minutos y después . . . ¡a descansar! Bueno, hasta que llegas a tu casa, ya que tu bebé requiere cuidados, comida, atención y todos tus desvelos a su disposición. ¿Suena bien?

Episiotomía

La episiotomía es una incisión que se realiza para ayudar al bebé a salir con más facilidad.

Algunos doctores argumentan que es necesaria para evitar algún desgarre interno que después sea mucho más difícil de sanar que una simple herida.

Pero, **¿es una simple herida?** La incisión que realizan abarca piel y músculo y la hacen desde donde termina la vagina hasta donde comienza el ano; ésta es la región del perineo.

La episiotomía se realiza bajo anestesia local y después del nacimiento se limpia y sutura. En este tipo de heridas no es necesario quitar los puntos después, ellos solitos se botan y días después los desechas.

Después del parto, algunas mujeres ni se acuerdan de que les practicaron la episiotomía; en cambio otras sufren muchísimo mientras se recuperan y no saben qué les duele más si la episiotomía, el parto en sí o el ser madres.

Si el parto ha sido laborioso, probablemente la recuperación de esta herida sea lenta y dolorosa, pero de ninguna manera debes alarmarte.

Hay que tener sumo cuidado para que la herida no se infecte, así es que debes lavarte unas dos veces al día mínimo y cambiarte muy seguido las toallas sanitarias.

Algunos doctores te recetarán medicamentos en loción y, si todo va bien, a los quince días del parto tú ya estarás completamente bien.

Puedes tomar analgésicos para calmar el dolor, también es recomendable que te sientes sobre una almohada o sobre un cojín de arillo especial, para evitar cualquier tipo de molestia.

Cualquier alteración que te parezca extraña o exagerada, consúltala con tu médico.

Cesárea

Es una alternativa segura del parto natural cuando existen complicaciones que la requieran y pongan en peligro la vida del niño y la de la madre.

A veces, las condiciones del parto hacen que la cesárea sea algo premeditado y planeado con anticipación. Cuando es muy evidente que se requerirá cesárea el doctor te lo dirá antes de la fecha de parto.

Hay mujeres que requieren cesárea porque en el transcurso del parto surgió alguna complicación, porque su pelvis no es redonda o es muy estrecha, o tal vez se trata de un parto de nalgas muy complicado.

Si el parto va muy lento y el bebé está sufriendo, también es aconsejable realizar una cesárea.

Para llevar a cabo esta operación, se vacía la vejiga y se practica una incisión en el abdomen y en el útero, que no duele porque se utiliza anestesia general o bloqueo.

Actualmente la cicatriz es horizontal y muy abajo, por lo que puede pasar desapercibida y casi no se nota; se le conoce como la*"cicatriz del bikini"*.

Por lo general el niño nace de inmediato; lo tardado es suturar el útero y la piel con puntos absorbibles que solitos se desechan después de unos días.

En caso de que la razón de la primera cesárea siga vigente para el segundo embarazo, como una pelvis pequeña o estrecha, irremediablemente se realizará una cesárea otra vez; sería ilógico poner en peligro la vida de ambos.

Sin embargo, si el motivo de la primera cesárea fue exclusivamente un problema del momento, es posible que el siguiente parto sea natural pues difícilmente la cicatriz del útero se llega a abrir.

Si la cesárea que te practicaron fue a causa de que el bebé venía de nalgas, tenía el cordón umbilical enredado o el parto progresaba muy lento, entonces es posible que tu siguiente embarazo pueda ser normal.

En el caso de una mujer que ha tenido dos cesáreas anteriormente, es un hecho que sus partos subsecuentes serán por cesárea.

Compartiendo experiencias

Carla siempre pensó que tendría un parto normal, pero cuando llegó el momento no fue así.

"Estaba cenando cuando sentí que un líquido salía por mi vagina al mismo tiempo que un dolor abdominal me doblaba por completo. Fui al baño y me dí cuenta de que mi orina era verde, entonces le grité a Rodrigo, quien inmediatamente me llevó al doctor.

Al llegar al hospital, el doctor me examinó. Recuerdo que la exploración fue muy dolorosa.

Yo sabía que algo andaba mal, pero no sabía exactamente de qué se trataba.

Entonces el doctor me dijo que el bebé venía de nalgas y que lo más seguro era realizar una cesárea para no poner en peligro mi vida y la de mi bebé.

Me llevaron al quirófano y me pusieron en la mesa; al principio sólo veía luz y no entendía nada, en eso vi la cara de Rodrigo y me volvió el alma al cuerpo.

Me pusieron anestesia local, no sentía nada de la cintura para abajo pero veía las caras de los doctores, que eran tres, y que me decían que las cosas no estaban saliendo bien.

Después de un instante, Rodrigo se acercó y me dijo "No te preocupes, todo saldrá bien". Fue entonces que escuché un llanto y una voz que me dijo "Es niña", mientras me acercaban a una bebé preciosa, que tenía un aspecto extraño.

Ése ha sido el momento más hermoso de mi vida. Paola nació azul y con el cordón umbilical hecho nudo alrededor del cuello, por eso era el líquido verde; mi bebé estaba sufriendo.

Ahora mi bebé tiene 12 años y es la niña más sana del mundo.

El caso de Mónica es diferente. Ella estaba convencida de que un parto no era doloroso sino molesto, una experiencia extraña pero sumamente gratificante; cualquier premio era incomparable, y en esto último no se equivocó.

"Mi bebé se retrasó dos semanas y el doctor me dijo que teníamos que inducir el parto porque el bebé estaba muy grande para seguir adentro; al llegar al hospital mi presión estaba muy alta; entonces, me pusieron en una camilla y de ahí directo a la sala de operaciones.

Recuerdo que me pusieron una aguja en el brazo y el proceso de inducción comenzó. Hubo un momento en que sentí que mis piernas se dormían, creo que fue muy rápido.

Me pusieron anestesia de la cintura para abajo; sin embargo no me duró mucho y hacia el final de la primera etapa del parto, yo ya estaba sintiendo todo: las contracciones, el dolor, todo a la décima potencia.

Sentía que mi bebé sufría, sus latidos eran irregulares, yo no perdía detalle de la pantalla que monitoreaba a mi bebé; además yo estaba llena de sondas o algo así que medían todo lo inimaginable.

El dolor que sentí y el trabajo que me costó dar a luz fueron excesivos. Nadie, ni el doctor, ni en la gimnasia pre-natal, ni mi mamá, ni mi abuela, ni amigas y conocidas me dijeron que dar a luz es como pasar una sandía por tu boca, ¡pero completa! ¿Sabes lo que es eso?

Afortunadamente, mi bebé nació bien; es un pequeño hermoso de once meses, que no tiene ningún problema y que es completamente sano.

CAPÍTULO 11

PROBLEMAS EN EL PARTO

¿ El parto no progresa?

Hay ocasiones en las que un parto se demora (normalmente cuando se trata de una madre primeriza), en la mayoría de los casos es porque el útero no está trabajando como debe, ya sea porque las contracciones son irregulares o porque son muy débiles.

Si vas a ser madre por primera vez, tienes que tomar en cuenta que tu cuerpo no está acostumbrado a este proceso y a veces el primer parto de una mujer llega a durar muchas más horas de las que te imaginas.

Otra causa por la que un parto se puede interrumpir es porque el tamaño de la abertura de la pelvis no es el adecuado; ésta debe ser lo bastante grande como para permitir la libre rotación del bebé en el momento de su salida.

Además, la forma de la pelvis también tiene mucho que ver; lo normal es que sea ligeramente redonda lo cual facilita el trabajo del bebé en el momento del parto; pero a veces sucede que la pelvis de la madre es un poco triangular u ovalada, y el bebé tiene problemas para la rotación de su cabeza y para el descenso, por lo que se hace necesaria la cesárea.

En ocasiones, hay una seria desproporción entre el tamaño del bebé y la abertura de la pelvis de la madre; en estos casos el parto vía vaginal es totalmente imposible.

A veces la posición de la cabeza del bebé no está en la posición que debe, lo ideal es que presente su cabeza bien flexionada, con el mentón hundido en el pecho; así la circunferencia que pasará por la pelvis de la madre será menor que si el bebé no está en dicha posición.

Si aunado a la errónea posición de la cabeza del bebé, la madre presenta contracciones irregulares o débiles, el parto puede complicarse más y requerir intervención quirúrgica, ya sea para acelerarlo o para realizar una cesárea. Lo importante es no poner en peligro ni la vida del bebé ni la de la madre.

Inducción del parto

Cuando el parto ya ha iniciado, pero su progreso es muy lento o simplemente no progresa, es necesario estimularlo con métodos artificiales para que ni la vida de la madre, ni la del bebé, peligre; en estos últimos momentos de tu embarazo, la rapidez y precisión con que reaccione tu médico son básicas.

Cuando el cérvix no está totalmente dilatado una solución es administrar oxitocina para acelerar el proceso. Esto sucede cuando la dilatación es menor a un centímetro por hora (como consecuencia de las contracciones irregulares).

También puede haber una ruptura artificial de membranas que facilite el paso del bebé y que acelere el proceso.

Cabe aclarar que esto de acelerar el proceso del parto no es lo mismo que lo que se conoce como "inducción del parto". De hecho, la inducción se realiza porque el parto no se presenta, es decir, cuando el niño ya lleva una, dos o hasta tres semanas de retraso, por lo que la vida de ambos protagonistas comienza a peligrar y se hace necesario inducir el parto.

En ocasiones la inducción del parto se hace con anticipación a la fecha programada, esto ocurre cuando estudios hechos a la madre revelan que la placenta no está trabajando como debe y es incapaz de ayudar al feto durante los esfuerzos del parto.

Las causas por las que la placenta puede trabajar inadecuadamente ya las hemos mencionado (fumar, preeclampsia, entre otras).

Cuando la madre ha presentado anteriormente una muerte fetal inexplicable hacia las últimas semanas del embarazo, difícilmente su doctor permitirá que su embarazo se prolongue más de lo planeado.

Una madre diabética, con enfermedades renales o que sufre de hipertensión también es una candidata ideal para la inducción del parto, por lo menos dos semanas antes de la fecha programada, ya que en esas dos últimas semanas es cuando más riesgos corre el bebé.

Para llevar a cabo la inducción de un parto se debe verificar antes el estado del cérvix, para calcular el estímulo que recibirá; el estado de la placenta y la posición del feto.

Normalmente se administran hormonas artificiales como la oxitocina o la prostaglandina por vía intravenosa, aunque también es posible efectuar la inducción mediante un método quirúrgico en el que se realiza una ruptura artificial de membranas, es decir, el médico perfora la bolsa amniótica y realiza un estiramiento del cérvix, lo cual puede resultar un poco incómodo pero no doloroso; es más o menos el equivalente a la molestia que provoca una exploración normal.

Algunas veces se combinan ambos métodos, el quirúrgico y las hormonas, para una mayor eficacia o rapidez.

Complicaciones en el parto

Existen mujeres en las que no se da la separación de la placenta durante las contracciones uterinas inmediatamente después del nacimiento del niño.

Si no hay hemorragia es posible esperar un poco para que el útero se relaje y vuelva a contraerse por segunda ocasión. Si, aún así, la placenta no es expulsada, entonces se debe sacar manualmente y verificar que no queden residuos dentro de la madre que puedan provocarle una infección seria.

La presencia de sangrado antes de la expulsión de la placenta significa que ya se ha separado parcialmente y se requiere ayuda manual para limpiar totalmente el útero.

Para extraer la placenta manualmente se utiliza anestesia local, así es que no te preocupes porque en caso de que te llegara a pasar esto, no te dolerá absolutamente nada.

Que un bebé esté colocado de nalgas y no con la cabeza hacia abajo como es lo normal, no debería representar problema alguno, a menos que este problema se presente aunado a otros como un parto prematuro, un bebé de peso bajo al nacer o demora en el parto, entre otros.

Por lo general dicho estado debería conocerse antes del parto, mediante un ultrasonido. A veces las madres se dan cuenta que las patadas que sienten son muy arriba e intuyen que el bebé se está acomodando hacia la dirección equivocada, inclusive hay doctores que se dan cuenta con el simple tacto.

Si el bebé presenta primero las piernas, el cuerpo saldrá completo, pero al revés del parto normal, en estos el doctor ayuda al bebé con fórceps para evitar que la cabeza tarde en salir y al pequeño le haga falta oxígeno.

Si son las nalgas las que se presentan y las piernas están hacia arriba, es más difícil que se logre un parto vaginal pero no imposible; para esto, es un hecho que a la madre le realicen una episiotomía.

Por si no recuerdas lo que es una episiotomía, déjame recordarte que es una incisión que hace el doctor, bajo anestesia local, a lo largo de la piel que une la vagina y el ano.

Algunas mujeres dicen que el dolor de la herida después del parto es muy evidente y molesto, otras tantas ni se acuerdan de que les hicieron una episiotomía; así es que como verás, es igual que todo, diferente en cada mujer.

CAPÍTULO 12

¿PECHO O BIBERÓN?

Amamantar al pequeño

Durante el embarazo uno de los cambios más evidentes que tendrás será el agrandamiento de tus senos.

Es normal que la sensibilidad de tus senos aumente, así como su tamaño, ya que se están preparando para cuando amamantes a tu pequeño.

Durante las primeras semanas de tu embarazo crecerá más *tejido adiposo* (grasa) alrededor de las *glándulas mamarias*. Claro que esto no lo puedes ver porque es interno, pero lo que sí puedes apreciar es cómo aumentan su tamaño y cómo el pezón cambia de color, se oscurece y crece.

Quizá no sepas cómo funciona esto de la leche. Tus pezones tienen entre 15 y 20 aberturas pequeñísimas, cada una es la salida de los *conductos galactóforos* que llevan la leche que se produce más adentro en los *lóbulos o glándulas mamarias*.

Aproximadamente a partir de la semana 12, la futura madre comenzará a producir una sustancia espesa y amarillenta llamada **calostro**, la cual contiene los elementos nutricionales necesarios para el recién nacido.

Es hasta después del parto, aproximadamente hacia el quinto día, que la madre empieza a producir lo que conocemos como leche.

Darle pecho a un bebé es importante porque tanto el *calostro*, como después la leche, ayudan a formar el sistema inmunológico de tu bebé; además contienen todos los nutrientes y minerales que el pequeño necesita y está a la temperatura correcta.

Además, darle pecho a tu bebé implica crear un vínculo emocional que difícilmente se podrá dar en otra situación y circunstancias.

Algunos doctores recomiendan poner al bebé sobre el pecho de la madre en cuanto nacen para estimular la lactancia del pequeño.

En algunas investigaciones se ha comprobado que un pequeño colocado en el estómago de su madre comienza a escalar hacia el pecho y tarda en encontrarlo una media hora.

Es un instinto natural en el hombre el que lo lleva a encontrar la fuente de alimentación.

Es probable que al principio le cueste trabajo al pequeño succionar la leche, pero con tu ayuda y con la práctica pronto estará tomando lo necesario. Esto ayudará a que tus pechos se adapten a las necesidades del pequeño en cuanto a la producción de leche.

Tal vez alguien te recomiende vaciar tus senos cuando tu pequeño termine de comer, lo cual es bastante conveniente, pues al estimular tus senos para vaciarlos, éstos se adaptan a las necesidades y comienzan a producir más leche, así que siempre estarás produciendo alimento.

Es mejor que dejes que la producción de leche de tus pechos se adapte a la demanda alimenticia de tu bebé; recuerda que conforme va creciendo aumenta gradualmente la cantidad de comida que ingiere.

Darle pecho a tu hijo siempre será mejor que alimentarlo artificialmente pues **esto lo protegerá de diarreas, dermatitis y otro tipo de alergias.**

Además, muchos especialistas coinciden en que **un niño que no fue amamantado en forma suficiente, tiende a desarrollar diferentes enfermedades cuando crece, tales como la diabetes infanto-juvenil, anemia, cierto tipo de tumores, obesidad y síndrome pilórico, entre otras menos comunes.**

Dar pecho también disminuye tus posibilidades de tener algún tumor ginecológico (cáncer de mama, de matriz, de ovarios) y de sufrir osteoporosis en un futuro.

La cercanía y la relación que estableces con tu bebé cuando le das pecho es algo invaluable.

Algunos doctores aseguran que el niño que fue amamantado desarrolla más su inteligencia que uno alimentado con biberón.

Lo que sí es totalmente un hecho es que un bebé amamantado será, en un futuro, una personita más segura e independiente.

En un principio puede ser que llegues a tardar más de una hora en alimentar a tu bebé, pero no te preocupes, conforme ambos se vayan conociendo y coordinando, el tiempo se reducirá tal vez hasta media hora.

Es importante que tanto tú como tu bebé se pongan lo más comodos posible a la hora de la comida; esto ayudará a que el proceso sea rápido y agradable.

Cuándo y cómo debes alimentar a tu bebé lo decidirán ambos. Los recién nacidos, por lo general, comen entre seis y siete veces en un periodo de 24 horas, con intervalos de tres o cuatro horas.

Saber cuándo tu hijo tiene hambre dependerá de qué tanto lo observes y aprendas a conocerlo. Muchas veces es posible alimentar a un pequeño antes de que llore pues se muestran hambrientos de una forma u otra.

Normalmente, hacia la tercera semana, tu bebé y tú ya se han acoplado lo suficiente como para llevar un horario de comidas más o menos regular.

Alimentación con biberón

Alimentar a tu bebé con biberón no es tan malo como muchos piensan, siempre y cuando tomes las precauciones debidas.

Si bien es cierto que la leche materna es el alimento más completo que dota al bebé de los suficientes anticuerpos, vitaminas y minerales, la leche preparada para recién nacidos que viene adicionada con todo lo que un pequeño necesita también es lo suficientemente buena para su desarrollo y crecimiento.

El biberón no tiene porque ser una carga ya que puedes preparar varios por la mañana (incluso los de todo el día) para calentarlos conforme los necesitas.

Una gran ventaja del biberón es que se lo puede dar otra persona mientras que tú realizas otra actividad; lo malo es que el contacto físico y emocional se pierde cuando se le alimenta así.

La decisión de darle pecho o biberón a tu bebé es sólo tuya, sin embargo, puedes pedirle un consejo a tu doctor y así, decidir lo más adecuado para tu ritmo de vida.

☺   ☺   ☺   ☺   ☺   ☺

NOMBRES PARA TU NIÑA

A

Adriana
Aimeé
Alana
Alexandra
Alicia
Aline
Alisa
Álix
Allison
Alma
Amanda
Ana
Anabel
Ángela
Angélica
Antonia
Aurora

B

Bárbara
Beatriz
Belinda
Bertha
Bianca

Brenda
Brooke

C

Cameron
Carmen
Carolina
Casandra
Catalina
Cecilia
Celeste
Celia
Cindy
Citlalli
Clara
Clarisa
Claudia
Concepción
Cora
Coral
Cordelia

D

Daisy
Daniela
Delfina
Delia

Dehni
Diana
Dina
Donna
Dolores

E

Edith
Edna
Elena
Elsa
Emma
Emilia
Estela
Esther
Eva

F

Fabiola
Felicia
Frannie
Francisca
Fernanda

G

Gabriela
Gemma
Gertrúdis
Gilda
Gina
Glenda
Gloria
Graciela
Gretel
Guadalupe

H

Hazel
Heather
Hipólita

I

Ilse
Ingrid
Irene
Iris
Isabel
Isela
Ivette
Ivonne

J

Jacqueline
Jade
Jane
Janis
Janet
Jazmín
Jeanette
Jessica
Jocelyn
Josefina
Judith
Julia
Julieta

K

Karina
Karime
Karla
Katherine
Katrin
Kelly
Kenia
Kimberly

L

Larissa
Laura
Liliana
Lisette
Lisián
Lorena
Lorenza
Lorna
Lourdes
Lucero
Lucía
Luciana
Lucinda
Lucrecia
Luisa
Luz
Lydia

M

Magalí
Marcela
Margarita
Margo
María
María Fernanda
María Guadalupe

María Inés
María Isabel
María José
María Mercedes
María Paula
María Reneé
Mariana
Maricruz
Marimar
Marissa
Mercedes
Mimí
Michelle
Miranda
Miriam
Molly
Mónica

N

Nailea
Naomi
Natalia
Natalí
Nerissa
Nicole
Nicté

O

Olga
Olivia

P

Paloma
Pamela
Paola
Paula
Paulina
Perla
Pilar
Porcia

R

Regina
Renata
Reneé
Rikke
Rosa
Rosario
Rosaura
Roxana
Ruby
Ruth

S

Sabrina
Salma
Samantha
Sandra
Sasha
Selena
Selene
Shannon
Sharon
Sidney
Silvia
Soledad
Sujey
Sumiko

T

Tamara
Tania
Thalía
Teresa
Tiffany

U

Ursula

V

Valentina
Vanesa
Verónica
Vianey
Victoria
Viola
Violeta
Viviana

X

Xenia
Xiomara
Xóchitl

Y

Yaabil
Yolanda
Yuri
Yuriko
Yvette

NOMBRES PARA TU NIÑO

A

Aarón
Abel
Abraham
Adrián
Adriano
Alan
Alberto
Alejandro
Alfredo
Alonso
Andrés
Ángelo
Ariel
Armando
Audrey

B

Ben
Benjamín
Bernardo
Brad
Bradley
Brandon

C

Carlos
Carlos Enrique
Carlos Daniel
Cameron
Camilo
César
Clint
Cuauhtémoc
Curtis

D

Damián
Daniel
David
Demian
Diego
Donovan
Duncan
Dylan

E

Edgar
Emilio
Enrique
Erik

Eugenio
Evan
Estéfano

F

Fabián
Fenton
Federico
Fernando
Francisco
Franco

G

Gabriel
Gerardo
Giovanni
Gonzalo

H

Héctor
Humberto

I

Ian
Ignacio
Iván

J

Jaime
Jake
Javier
Jonás
Jordán
Jorge
José
Juan
Juan Alberto
Juan Carlos
Juan Felipe
Juan Luis
Julián

K

Ken
Kenneth
Kyle

L

Leandro
Leonardo
Leopoldo
Lorenzo
Lucas
Luis
Luis Enrique
Luis Fernando
Luis Mario
Luis Miguel
Luke

M

Macauley
Marco
Mario
Manolo
Manuel
Mateo
Mauricio
Maximiliano
Michael
Mitchell

N

Neil
Néstor
Noel

O

Octavio
Omar
Oswaldo

P

Patricio
Pedro
Pedro Luis

R

Ramiro
Ramón
Raúl
Regan
René
Reinaldo
Ricardo

Rinaldo
Robin
Roberto
Rodrigo
Rubén

S

Sebastián
Sergio
Simón
Sinhué
Steve

T

Tadeo
Tenoch
Teseo
Tomás
Tyrone

U

Ulises
Uribe